LUTE

KENNY LUCK

LUTE

VOCÊ ESTÁ DISPOSTO A COMBATER O MAL?

Traduzido por EMIRSON JUSTINO

mundocristão
São Paulo

Publicado originalmente por WaterBrook Press, divisão da Random House Inc.,
Nova York, Nova York, EUA

Os textos das referências bíblicas foram extraídos da *Nova Versão Internacional* (NVI), da Sociedade Bíblica Internacional, salvo indicação específica. Eventuais destaques nos textos bíblicos e citações em geral referem-se a grifos do autor.

Dados Internacionais de Catalogação na Publicação (CIP)
(Câmara Brasileira do Livro, SP, Brasil)

Luck, Kenny
Lute: você está disposto a combater o mal? / Kenny Luck; traduzido por Emirson Justino.
— São Paulo: Mundo Cristão, 2012.

Título original: Fight : Are You Willing to Pick a Fight With Evil?
Bibliografia

1. Atitudes em relação ao mal 2. Bem e mal 3. Guerra espiritual 4. Vida cristã I. Título.

12-05385 CDD-248.842

Índice para catálogo sistemático:
1. Homens : Guias de vida cristã 248.842
Categoria: Autoajuda

Publicado no Brasil com todos os direitos reservados por:
Editora Mundo Cristão
Rua Antônio Carlos Tacconi, 79, São Paulo, SP, Brasil — CEP 04810-020
Telefone: (11) 2127-4147
Home page: www.mundocristao.com.br

1ª edição: junho de 2012

Aos homens de Deus:
"A fim de que Satanás não [tenha] vantagem
sobre nós; pois não ignoramos as suas intenções."
2Coríntios 2.11

Sumário

PARTE 1

Encarando o mal

1

Ignorância é incompetência

Temer o desconhecido é uma reação bastante humana
e natural. Para o cristão, manter-se desinformado em
relação à pessoa e à obra de Satanás é um erro perigoso.
MARK BUBECK

Não conheço nenhum livro que de fato o *convide* a travar mais batalhas contra o mal.

Contudo, você está segurando um com essa característica.

Não sei quanto a você, mas estou ciente de que segurar este livro nas mãos pode fazer com que muitos homens se sintam como Hal, o cervo da tira cômica *The far side*, que tem uma marca de nascença em forma de alvo no peito. O fato é que você e Hal *realmente* têm essa marca de nascença em comum. Vocês foram marcados e rotulados no mundo espiritual apenas em virtude de seu nascimento. Se você afirma que seu sobrenome é Cristão, então está sendo caçado para ser destruído.

Ainda assim, muitos de nós negamos até mesmo a existência dessa dança da morte. Já ouvimos falar da batalha e talvez até tenhamos alguma consciência dela, mas tudo isso gera poucos efeitos práticos. Fomos enganados e levados a esquecer que, ao contrário do cervo da tira de Gary Larson, o homem de Deus que é caçado pode virar a mesa sobre o mal e tornar-se o caçador. Temos o poder e a capacidade de mandar o caçador zarpar!

É tudo uma questão de perceber a realidade espiritual e entender a fonte da autoridade.

A maioria dos cristãos tem noção das "respostas certas" quando o assunto é a ideia já familiar de travar a batalha espiritual. Ainda assim, falhamos na aplicação prática. Enxergamos o conflito cósmico entre o bem e o mal mais ou menos como um filme de Harry Potter: é uma aposta para ver qual lado prevalecerá no final. E é essa perspectiva, quando aplicada ao *mundo real* do ataque espiritual, que dá origem a insegurança, hesitação, vacilação e dano tanto ao cristão quanto à causa de Cristo.

Quanto a mim, sou contrário a ter *essa* reputação. Confio que você esteja comigo.

Falta de interesse ou apenas falta de coragem?

Teremos acertado um golpe e tanto no inimigo se nosso conceito de batalha espiritual deixar de ser apenas uma reflexão e se tornar uma maneira de crer e de se comportar. Com base nas atitudes em relação ao mal que encontro em homens de todo o mundo, *se eu fosse Satanás, gostaria de ter a nós como oponentes.* A dura e triste realidade é que o mundo inferior tem o domínio do terreno desta guerra com os homens de Deus. Abordarei esse assunto mais adiante e com mais detalhes, mas, por ora, vamos dizer apenas que estamos na posição submissa de um cachorro assustado, concedendo livre permissão (por conta de nossa falta de ação) ao mal para que pisoteie impunemente nossa vida e o mundo. É preciso um choque de realidade.

É hora de olhar no espelho e não ficar satisfeito com o que nos tornamos em meio à grande batalha em favor de nosso Rei. Devemos fazer as pazes com o fato de que somos espiritualmente capazes, fortalecidos e equipados para travar guerra contra o inimigo e *fazer alguma coisa*. Somos comissionados para infligir perdas, desmascarar e frustrar planos de matar, além de libertar os que estão presos nas trevas e levá-los para a liberdade dos filhos da luz.

Satanás sabe quem você é. Esteja certo disso. Então, como todo homem de Deus deve fazer de maneira mais urgente, você precisa aceitar o significado disso. O que é *isso*, você diz? Simples: você não pode pedir para sair dessa luta. Também precisa parar de viver na ignorância e na negação. Em vez disso, precisa entender e conhecer o jeito de Satanás. Por quê? Porque você está numa missão ao estilo Jason Bourne.[1] Você é um agente em missão para neutralizar o mal em todo lugar e sempre que ele levantar sua cabeça insidiosa. Você tem de ser temido pelo inimigo, não ridicularizado por ele.

Satanás sabe quem você é. Esteja certo disso. Então, como todo homem de Deus deve fazer de maneira mais urgente, você precisa aceitar o significado disso.

Quando me propus a escrever a série "Homem de Deus", havia um profundo senso de mau pressentimento toda vez que pensava no terceiro livro (este). Ao mesmo tempo eu estava profundamente convicto e comprometido a estimular uma batalha do reino que fosse mais inteligente e intencional *e* profundamente ciente do que eu estava pedindo: problemas de todos os tipos. Sonhos diabolicamente bizarros, ataques pessoais, minas terrestres na estrada do casamento, pensamentos aterrorizantes, traumas familiares, conflitos com membros da igreja, tratamento de um canal duplo e um *tsunami* de distrações satânicas são apenas alguns exemplos da salva de tiros e da artilharia que foram lançadas no meu caminho. Embora algumas dessas coisas sejam apenas eventos naturais, as emoções negativas que as acompanham são exemplo do que o Diabo adora cultivar e explorar num cristão. Satanás usou todas as desculpas para me desanimar. Ele não joga limpo, e é o rei dos golpes baixos. Ele espera para chutar os dentes dos homens quando estes estão caídos. Amplificar emoções para criar inseguranças, aumentar medos e nos derrotar sem que um tiro sequer seja dado são as coisas nas quais Satanás é mestre. Ele precisa confiar nos jogos mentais — um sinal de insegurança, não de poder verdadeiro. Apesar de tudo, ele tem permissão de bagunçar nossa vida.

Ele está fazendo a mesma coisa com você *agora mesmo*.

Por repetidas vezes a mensagem de Satanás foi: "Eu sei quem você é e o que pretende fazer". Um pouco de retaliação antecipada é uma doutrina da batalha espiritual contínua entre soberanos que sentem que a segurança de suas redes ou fronteiras está *prestes a ser comprometida de alguma forma*. Esses tiros de ambos os lados tinham o propósito de dizer "Você realmente quer isso? Talvez queira reconsiderar". Durante todo esse tempo o Espírito de Deus tem dito: "Reconsidere isso!", como lemos no capítulo 4 do evangelho de Lucas, quando Jesus para de ouvir e começa a repreender os planos e sugestões malignas. Bem, meu amigo, ainda estou aqui, dialogando com você nestas páginas, e Satanás ainda sabe onde eu moro. Segura essa!

Queria que você soubesse que um pequeno trovão tem acompanhado meu caminho, mas eu já esperava por isso. Sabia que todo o inferno ficaria maluco antes, durante e depois de minha decisão de concentrar um livro inteiro em mandar o Diabo embora e em equipar você para confrontá-lo com eficácia e derrotá-lo. Sei que o Diabo detesta ser descoberto do mesmo modo que qualquer terrorista ficaria irritado com o homem que revelasse seu disfarce. Eu sabia que o Grande Cafetão tem um ego enorme, só comparado à sua enorme audácia contra os cristãos. Sabia que qualquer um que puxasse sua máscara para revelar sua presença está pedindo para receber uma dose dupla de ira e indignação.

Em muitos dias, porém, o que me manteve caminhando foi *você*. Sim, você — o homem de Deus que está lendo estas palavras. A razão pela qual você tem este livro em mãos é que *você* foi chamado por seu Rei para este momento. Você está sendo solicitado a se juntar à companhia de outros homens valentes para ser a ponta de lança na guerra contra o mal. A palavra *lute* entrou em ressonância com sua alma e seu espírito. Você reconhece o cheiro da guerra em sua vida, e você consegue enxergá-la em seu mundo. *Essa* disposição de lutar está sendo confirmada pelo Espírito de Deus. Seu treinamento como discípulo está prestes a ir para o próximo nível. *Sua* presença forte, confiante e plenamente dedicada será necessária em breve. Seu despertar para a guerra está próximo.

Conheço muito bem esse sentimento.

Escrever *Lute* foi inquietante *e* necessário para mim. Ler *Lute* será o mesmo para você. As realidades e verdades que você confrontará nestas páginas vão tanto inquietá-lo quanto compeli-lo a dar uma necessária resposta de fé. Sendo mais direto, de agora em diante você precisará mudar a maneira como aborda os desafios da vida e o que faz diante da presença do mal em você e ao seu redor. Com efeito, você está recebendo um par de óculos de visão noturna (outro assunto que vou abordar mais adiante) com o qual poderá ver o "movimento" do mal que, antes, estava oculto. Você sentirá a apreensão que alguém sente quando está considerando a ideia da guerra. Satanás quer que você sinta o medo. Deus substituirá esse medo pela própria presença dele.

Assim são os rituais de passagem para todo homem entregue a Deus. Os homens de Deus estão cheios de tensão espiritual porque alguma coisa está realmente em jogo. Existe uma tensão que você sente quando sua fé colide com a realidade de sua responsabilidade diante dela. O livro *Arrisque* tratou disso. Depois, existe a tensão de tornar-se o homem que Deus quer que você seja *versus* o homem que você achava que deveria ser. O livro *Sonhe* abordou essa questão de sua vida. Então, existe o rito de passagem que a maioria dos homens não tem peito para aceitar: enfrentar a realidade e a tensão de lidar diretamente com o mal. Este livro — *Lute* — vai apertá-lo cada vez mais para que você *veja*, *encare*, *convoque* e *destrua* o mal com confiança e habilidade *através* de Cristo. Portanto, homens que usam uma saia espiritual não são aptos. Jesus não teve uma e, como seu representante e possuidor de sua autoridade, você também não deve ter. "Para isso o Filho de Deus se manifestou: para destruir as obras do Diabo" (1Jo 3.8). Anime-se, pois você tem um excelente Mentor.

Mas vamos deixar de lado a conversa de macho por alguns instantes e encarar o sangue e as lágrimas do que está por vir.

Sua atitude e sua posição

Sua atitude em relação ao mal reflete sua posição contra o mal.

Os grandes homens da fé sabiam disso e, como homem de Deus, você também precisa saber. Para ajudá-lo nessa questão, precisamos pensar no mal e em nossa luta contra ele em termos não complicados, que sejam consistentes com as Escrituras e práticos de serem aplicados. Precisamos pensar melhor antes que possamos lutar melhor. A abordagem que diz "Recebemos Jesus com muito prazer. Recebemos Jesus, o que você vai fazer?" é tão eficiente quanto parece. A Bíblia não a apoia, embora possa funcionar na Escola Bíblica de Férias. A verdade é que, quanto mais emotivo você for na batalha espiritual, mais cedo você vai morrer. Portanto, com o propósito de viver para lutar mais um dia, vamos substituir as estratégias emocionais e malsucedidas por formas inteligentes e intencionais de pensar sobre o mal e lutar contra ele. Para começar, vamos deixar as coisas bem claras sobre o que pensamos que sabemos sobre o mal e nos decidir a nos apegarmos às orientações e ao plano das Escrituras sobre como devemos nos preparar para a luta.

No alto do quadro branco que fica na minha sala você verá a frase INFORMAÇÃO SEM APLICAÇÃO É ALUCINAÇÃO. Como nos outros livros que escrevi (*Arrisque* e *Sonhe*), o principal objetivo é a aplicação em tempo real da verdade espiritual. Isso significa que é hora de abraçar os cinco princípios de *Lute* com o objetivo de mudar sua atitude e, consequentemente, sua posição pessoal contra os poderes malignos desta era. De maneira crescente, você será levado a:

Enfrentar a realidade do mal
Integrar informações sobre o inimigo
Ficar cada vez mais consciente do mal
Manejar suas armas com consistência e confiança
Lutar contra o mal

Essas são as principais táticas ligadas ao domínio das trevas e a não deixar que o mal cavalgue sob o disfarce de máscaras enganadoras.

1. Enfrente a realidade do mal

Houve um momento antes de 11 de setembro de 2001 em que as agências contraterroristas possuíam informações qualificadas sobre um grupo chamado Al-Qaeda. Os Estados Unidos sabiam quem era seu líder e onde ele estava, onde se encontravam suas instalações de treinamento, como "atingi-los", e sabiam que o país era objeto de seu ódio islâmico-fascista. Contudo, com tantas outras prioridades mais elevadas, crises internacionais e domésticas, além da falta de "serviços de inteligência atuantes", não demos suficiente atenção a esse Osama bin Laden e sua rede terrorista. O mundo inteiro sabe o resto da história.

É certo que a acuidade visual das previsões equivale à metade da visão normal, ou menos. Você consegue ver algumas coisas, mas muitas delas sem nitidez. É possível discernir uma boa parte do quadro, mas os detalhes e pequenos fatos estão um pouco embaçados. O olhar em retrospectiva, por outro lado, é *sempre* perfeito, ou até mesmo mais nítido que a visão do presente. A dor ou o trauma age como um limpador de janelas. Aprendemos com nossos erros; avaliamos e estimamos o que deu errado. Entre as previsões e o retrospecto está uma lição crucial na batalha contra o mal: *quando tudo o que você tem é a embaçada previsão do futuro, concentre mais atenção e recursos sobre o inimigo que quer sua cabeça numa bandeja.* Se o fizer, seu olhar em retrospectiva será muito menos doloroso.

De todas as lições que a América aprendeu com o ataque terrorista do Onze de Setembro, a maior de todas foi simplesmente que não conectamos as ameaças com a realidade de uma operação em tão grande escala em nosso próprio território. Acreditávamos que os terroristas estavam por aí, mas agimos como se acreditássemos "mais ou menos" nas informações de inteligência. Acreditar mais ou menos num inimigo real e numa ameaça real produziu uma reação mais ou menos que mais ou menos fez com que pessoas morressem. Não mais acreditamos mais ou menos em terroristas que querem nos matar. Fomos batizados pelo fogo numa nova realidade em relação às intenções letais, abrangência e escala do terrorismo global.

> Acreditar mais ou menos num inimigo real e numa ameaça real produziu uma reação mais ou menos que mais ou menos fez com que pessoas morressem.

Não há qualquer dúvida de que Satanás quer você morto, ou pelo menos neutralizado (vivo, mas sem representar uma ameaça).

Para o homem de Deus, o erro mais trágico que se pode cometer é mais ou menos crer no mal, em sua existência e nos desígnios específicos que ele tem para sua vida. Quando os homens de Deus abordam a realidade do mal dessa maneira, enviamos uma mensagem clara a nosso inimigo. O que estamos dizendo é que, em nível intelectual e mental, cremos que existe um chefe maligno conduzindo planos contra nós, mas, no aspecto prático, agimos como se ele não tivesse nada a ver com o que nos acontece. Nós nos comportamos como se todos os nossos problemas tivessem causas e soluções naturais; nenhum deles tem causas sobrenaturais nem soluções divinas. Terminamos reagindo aos problemas que exigem respostas sobrenaturais com sabedoria humana e soluções naturais. Estamos atirando com pistolas de água num destróier armado.

Ainda que não sejamos descrentes do mal nem exageremos nessa crença (pessoas que veem o Diabo atrás de todas as coisas ruins que acontecem), em termos funcionais cremos mais ou menos, e homens de Deus estão sendo mortos. As baixas que ocorrem até mesmo entre nossos melhores combatentes contam a verdadeira história. Sangue está sendo derramado. Como não encaramos o mal da maneira correta, ele tem conseguido abrir caminho em nossa vida e no mundo. Definir o mal como algo de baixa prioridade cria uma vulnerabilidade doentia e fatal. Jesus nunca ensinou isso a seus homens. Ele falou com franqueza sobre como o Ladrão, Assassino e Destruidor se oporia ativamente a ele no presente. De fato, Jesus disse que o povo de Deus viveria lado a lado com forças e pessoas do mal até que ele volte.

> "O Reino dos céus é como um homem que semeou boa semente em seu campo. Mas enquanto todos dormiam, veio o seu inimigo e semeou o joio no meio do trigo e se foi. Quando o trigo brotou e formou espigas, o joio também apareceu.

"Os servos do dono do campo dirigiram-se a ele e disseram: 'O senhor não semeou boa semente em seu campo? Então, de onde veio o joio?'.

"'Um inimigo fez isso', respondeu ele.

"Os servos lhe perguntaram: 'O senhor quer que o tiremos?'.

"Ele respondeu: 'Não, porque, ao tirar o joio, vocês poderão arrancar com ele o trigo. Deixem que cresçam juntos até a colheita. Então direi aos encarregados da colheita: Juntem primeiro o joio e amarrem-no em feixes para ser queimado; depois juntem o trigo e guardem-no no meu celeiro'".

Mateus 13.24-30

Os servos do dono do campo se surpreenderam ao ver aquelas ervas daninhas entre o trigo bom. A expressão na face deles dizia: "Isso não deveria estar aqui". Suas expectativas se desmancharam. O trigo (nós) terá de lutar pela sobrevivência entre o joio (o mal). Para aqueles que negam a existência concomitante do mal entre os homens no tempo atual, as palavras de Jesus não servem de encorajamento. Contudo, elas podem ajudá-lo a aceitar o primeiro princípio fundamental: encarar e aceitar a realidade de que o mal não aparece apenas de vez em quando, no momento em que coisas ruins acontecem; *ele está ao nosso redor*. A boa semente são os filhos do reino. A semente ruim são os filhos do Maligno. O campo é o mundo. Neste período de "ainda não" entre as eternidades, o povo de Deus não está separado do mal; estamos todos no mesmo saco. Não há como fugir disso. Assim, como devemos agir, sendo homens de Deus, durante esse período de "ainda não", com uma presença clara do mal entre nós? No mínimo, precisamos agir de modo mais consistente com a realidade. Essa é a posição de Deus.

Vamos encarar os fatos: Satanás está assistindo a um filme sobre você. Ele é incansável. Tenha isso plantado firmemente na sua cabeça. Mesmo depois de o Filho de Deus tê-lo feito beijar a lona, a Bíblia diz que "o Diabo o deixou *até ocasião oportuna*" (Lc 4.13). Satanás é não apenas incansável, mas um oportunista incansável. Ele *nunca* desiste. Esse é o enorme elefante cor-de-rosa em pé no meio da igreja hoje, e existem apenas duas maneiras de lidar com ele: viver a realidade ou viver uma fantasia. Uma atitude é muito confortável, e a outra é desconfortável. Mas, quando se trata de ser homem de Deus, discipulado e desconforto estão intimamente ligados.

Andar com Jesus no século 1 significava ter discussões regulares sobre Satanás e envolver-se com forças malignas. Imagine: para os discípulos, estar com Jesus tinha o propósito específico de ganhar autoridade e treinamento para expulsar demônios! Os evangelhos, o livro de Atos dos Apóstolos, as epístolas pastorais e a visão de João em Apocalipse, todos falam sobre o mal flertando com a vida dos cristãos. A norma para o homem de Deus do Novo Testamento é regularmente reconhecer o mal e lidar com ele.

Hoje, esse tipo de audácia está completamente ausente. A batalha espiritual é considerada excêntrica, má informação ou o chamado de outra pessoa.

A Bíblia chama Satanás de "o príncipe deste mundo". Pensar nele de maneira errada, ou simplesmente não pensar nele, é o que lhe dá maior vantagem tática.

Hitler disse: "Que bom é para os governantes que os homens não pensem". De onde você acha que veio *esse* tipo de pensamento? É hora de sair dessa.

2. *Integre informações sobre o inimigo*

Meu amigo Bill (esse não é o nome verdadeiro dele) trabalha num centro contraterrorista. Veja a declaração de missão de sua equipe, escrita no seu manual:

> Integrar [...] informações ameaçadoras e fornecer dados para entrada, análise, fusão, síntese e disseminação dessa informação [...]. O centro converte a informação em inteligência operacional para detecção, dissuasão e defesa contra ataques terroristas [...] dentro dos sete condados designados para esta unidade.[2]

O trabalho de Bill é integrar, analisar e sintetizar informações ameaçadoras para que ele possa identificar padrões, tendências e o que ele chama de "potenciais", os quais possam indicar o surgimento de uma ameaça. Quando Bill recebe uma "dica" e as informações se juntam de modo a caracterizar o surgimento de uma ameaça, ele fornece as informações relevantes e acionáveis para preparar uma resposta antecipada a ela.

Da próxima vez que você ouvir dizer que o nível de ameaça nos Estados Unidos subiu de laranja para vermelho, pense em homens e mulheres como Bill, que se concentram unicamente em filtrar dados complicados e misturados para obter o quadro de uma ameaça. Depois, pense na coragem pessoal de agir de acordo com aqueles dados sem hesitação ou temor. É isso que um agente contraterrorismo é treinado a fazer. Eles são bons em reunir as peças de atividades suspeitas relacionadas a planos terroristas.

O homem de Deus e Bill têm isto em comum: os dois têm a missão de integrar informações táticas relacionadas a ameaças terroristas. Depois, precisam ter coragem para tocar o alarme e colocar em ação uma resposta antecipada. A informação tática fornece as pistas e as indicações de que necessitam.

De fato, no auxílio aos cristãos de Corinto, o apóstolo Paulo agiu como o especialista em contraterrorismo espiritual que estamos descrevendo. Ao reunir informações a respeito de todos os conflitos entre os cristãos sobre vários assuntos, ele enxergou o surgimento de um padrão e de uma tendência conforme analisava os dados. E, veja só, as impressões digitais do Maligno estavam brotando de seu banco de dados mental. Por fim, depois que várias minas terrestres explodiram em Corinto com o intuito de dividir e desestabilizar os cristãos, Paulo integrou tudo e agiu de acordo com essa análise para combater a ameaça terrorista contra o corpo como um verdadeiro oficial de ligações terroristas. Ele forneceu informações praticáveis para os cristãos.

> Eu lhes escrevi com o propósito de saber se vocês seriam aprovados, isto é, se seriam obedientes em tudo. Se vocês perdoam a alguém, eu também perdoo; e aquilo que perdoei, se é que havia alguma coisa para perdoar, perdoei na presença de Cristo, por amor a vocês, *a fim de que Satanás não tivesse vantagem sobre nós; pois não ignoramos as suas intenções.*
>
> 2Coríntios 2.9-11

Tradução: Com base nas informações táticas recebidas, sabemos quem *realmente* está por trás disso e vamos dar os passos necessários (reunir pessoas perdoadoras) para pôr fim à ameaça terrorista. A aplicação arrasadora disso é: se você estiver *desinformado*, será *derrotado* pelo mal. Se for derrotado, pessoas à sua volta vão se ferir, e a causa do reino sofrerá. O cenário inverso é igualmente válido. Se você integrar ativamente as informações táticas e cruzá-las com aquilo que sabe que é verdadeiro em relação ao funcionamento do mal, antecipará e impedirá os esquemas terroristas do Diabo contra você, contra outros cristãos, contra a igreja e contra o mundo. Aqui está a parte assustadora: temos as táticas de ação diretamente de Jesus, o manual terrorista exposto na Palavra de Deus e o Espírito Santo disponível para ajudar a discernir e coordenar as ações táticas. Ainda assim, não estamos dispostos e/ou falhamos em integrar esses recursos com o propósito de praticar ações contra o Grande Terrorista e seus planos.

O homem de Deus tem a missão de integrar a informação que Deus forneceu. O oposto disso? Negligenciar, desprezar ou ser ambivalente em relação a ela. Deus não nos entregou a ficha criminal de Satanás à toa. Precisamos aprender tudo o que pudermos sobre ele e seu método de operação. Então, precisamos elevar nosso nível de alerta para vermelho e mantê-lo ali.

3. *Fique cada vez mais consciente do mal*

Os predadores se valem do fato de a presa não ter consciência de sua presença. As aranhas tecem teias translúcidas. Tubarões têm sensores ao longo do corpo que detectam um inocente "lanche" antes que o lanche detecte o tubarão. Crocodilos e jacarés confiam na discrição e na imobilidade enquanto sua presa descuidadamente caminha para as mandíbulas em forma de tornilho. Aves de rapina caem do céu com garras esticadas e prontas para agarrar. Em todos esses casos, as vítimas não veem a proximidade de seu fim.

> ***Lutando***
> *Assim como o inconsciente e o improdutivo caminham lado a lado, a consciência do mal é sinônimo de eficácia contra o mal. Na guerra, a informação chega antes das balas e das bombas.*

Em outros momentos, na própria natureza, você vê exatamente o oposto. Pássaros observam os predadores e lançam um sinal de alerta. Tropas de macacos e babuínos possuem uma rede de sentinelas e dão o famoso grito "Sai daí, predador no pedaço!" que ativa a resposta de fuga do grupo. Outros animais usam seus sentidos de olfato, sonar, percepção visual ou outros sistemas de advertência criados por Deus para evitar o fim precoce. A maioria dos animais sabe de qual cardápio faz parte, quem representa uma ameaça e quando as coisas não vão bem — espera-se que a tempo de agir. Quando você é uma refeição em potencial a qualquer momento, digamos que desenvolve uma pequena sensibilidade a certos personagens e a fatores que ocorrem em seu ambiente.

A metáfora do reino animal é uma da qual Deus sempre achou que poderíamos aprender. O homem de Deus precisa desenvolver uma consciência agressiva do mal e de seu método oportunista de comer cristãos vivos. "Tenham uma mente tranquila, mas estejam sempre atentos. O Diabo está querendo atacar, e não quer outra coisa senão apanhar vocês desprevenidos. Não baixem a guarda" (1Pe 5.8-9, AM). Cabeça erguida. Alerta. Guarda alta. Qualquer outra atitude perante a ameaça ativa e presente do mal é, por padrão, suicida. Isso poderia ser chamado de consciência agressiva baseada no reconhecimento da realidade. Quando você não está desperto e consciente, está dormente e vulnerável. Uma estratégia reativa normalmente significa que você está muito atrasado. Muito atrasado significa que você encontrará dentes atrás de seu pescoço. Esse estilo de vida espiritual pode ser chamado de ociosidade indiferente baseada em ignorância ou apatia, ou em ambas. Um homem de Deus desatento e despreparado é um paradoxo bíblico. Palavra-chave: estupidez. Curve-se numa poça d'água diante de um leão salivando e veja o que acontece.

> "A história de fracasso na guerra quase pode ser resumida em duas palavras: tarde demais."

O general Douglas MacArthur tinha uma propensão a notar o óbvio quando a questão era travar guerras, vencer batalhas e evitar derrotas. A sabedoria de D. Mac é tocante para todo homem de Deus.

> A história de fracasso na guerra quase pode ser resumida em duas palavras: tarde demais. Tarde demais para compreender o propósito mortal de um inimigo em potencial. Tarde demais

para perceber o perigo mortal. Tarde demais para se preparar. Tarde demais para reunir todas as possíveis forças de resistência. Tarde demais para permanecer junto dos amigos.[3]

Não é tarde demais... ainda.

4. *Maneje suas armas com consistência e confiança*

Já brincou de *paintball*?[4] Aqui vai um conselho: não faça isso com um fuzileiro.

Meu amigo Paul é fuzileiro naval aposentado da Marinha norte-americana, piloto de F-18. Para comemorar o 40º aniversário de Paul, sua esposa pagou um grupo de amigos para sequestrá-lo e levá-lo a seu antigo campo de batalha em Camp Pendleton para alguns jogos de guerra com seus amigos. *Jogos* é uma palavra ruim para descrever o que aconteceu. *Tiro ao pato* seria mais preciso — especialmente para o "menino" aniversariante. Nenhum homem aprecia mais a pura diversão de salpicar as costas alheias com munição colorida do que Paul. Vários de nós nos tornamos os alvos privilegiados desse experiente atirador. Quando a especialização técnica está unida à consciência tática em um único homem, *não* lhe dê uma espingarda de pressão que atira um projétil por segundo a até 150 metros de distância! Ou pelo menos se certifique de que ele esteja no *seu* time. Você é atingido no traseiro, não sabe onde ele está e, então, o ouve rindo de você! No final do dia, participamos de uma fabulosa festa, cortesia do atirador. Temos aqui outro fato a respeito das armas:

> ***Lutando***
> *Treinar com armas gera precisão com armas. O não treinado vai sempre pagar um preço.*

Uma nação pode comprar as armas mais tecnicamente avançadas do planeta, mas, se seus soldados não conhecerem a capacidade daquelas armas, terão sido desperdiçados milhões e sua causa terá sido prejudicada.

Essa lei básica da guerra se aplica ao homem de Deus e ao arsenal de armas que Deus lhe forneceu para combater e derrotar o mal. A batalha espiritual moderna não é diferente da do tipo antigo, porque as armas eternas e espirituais que usamos contra o mal não mudam. As armas espirituais não se desenvolvem para se igualar às condições do campo de batalha. A *resolução* de um homem de ter intimidade com elas e usá-las com habilidade é que de fato *evolui* e determina a vitória ou a derrota.

Jesus é nosso treinador definitivo na arte da batalha espiritual. Suas armas são nossas armas, passadas de geração a geração de homens de fé. O objetivo é manejá-las com habilidade. O oposto disso? Manejá-las de maneira atrapalhada e incompetente. Sabemos em nosso coração que o entendimento confiante de nosso arsenal significará uma mentalidade e uma postura confiantes quando estivermos sob fogo. Diante da aproximação de uma revelação real e sobrenatural, com um inimigo altamente treinado, somente a arrogância e a estupidez poderiam levar o homem de Deus a buscar sabedoria e soluções próprias.

> É verdade que somos humanos, mas não empregamos planos e métodos humanos para ganhar batalhas. As armas que usamos não são humanas; ao contrário, são poderosas armas de Deus para derrubar fortalezas.
>
> 2Coríntios 10.3-4, NBV

As armas que Deus forneceu devem ser *usadas* contra o mal. Não apenas usadas antes das refeições, quando surgem as calamidades, ou para tornar nossa vida mais confortável e livre de dores. Armas poderosas devem ser colocadas em mãos adequadas, pois, *manuseadas corretamente*, causam um belo estrago. Você não entrega armas de fogo a crianças ou a novatos inexperientes. Eles não sabem o que estão segurando e subestimam o perigo. Isso me leva a fazer uma pausa. O homem de Deus aprecia o perigo, tem intimidade com suas armas e sabe por que as possui: para resistir, repreender, repelir e triunfar sobre o mal com uma intenção justa.

Somente o uso e a familiaridade o tornam perigoso com uma arma.

5. *Lute contra o mal*

A realidade exige respostas, e algumas coisas precisam ser ditas agora sobre escolher essa luta. Acabaram-se os dias de ser emocionalmente distante e ambivalente em relação ao mal. Com o conhecimento vem a responsabilidade, e com a responsabilidade vêm algumas novas escolhas que vão revelar nosso compromisso em lutar ou renovar nossa disposição de lutar com mais intensidade e por mais tempo. Meu irmão, os fatos são estes: você está prestes a embarcar na maior cruzada conhecida por homens e anjos. O céu está assistindo, e as esperanças e orações de seus irmãos marcham junto de você. De braços dados com outros corajosos soldados de Cristo que servem em outras linhas de frente, você será chamado a realizar a destruição dos planos malignos contra o bem, a eliminação do golpe sufocante de Satanás sobre a vida de outros e o avanço do reino de Deus.

Essa tarefa não estará livre de problemas nem de dores. Seu inimigo é inteligente, habilidoso e pessoalmente motivado por sua própria causa. Ele lutará perversamente. Mas o Espírito de Deus declara que este é um novo dia para os homens que ele está tornando novos. A maré está virando, e os dias de viver em derrota e desespero foram substituídos pelo compromisso pleno dos homens de Deus que estão dispostos a lutar em campo aberto, de mãos dadas. Nosso foco coletivo de expor, isolar e nos movermos agressivamente contra o mal mudará e reduzirá a capacidade do mal de travar uma guerra. Temos uma artilharia infinitamente superior colocada à nossa disposição e números crescentes de guerreiros se juntando. Os homens de Deus estão em marcha, e estamos decididos a não aceitar nada menos que uma vitória completa, ainda que isso signifique nossa própria vida.

Deus tem plena confiança em sua lealdade à causa dele e em suas habilidades de lutar por ele quando você for chamado pelas circunstâncias e pelo comissionamento de Cristo. Seu Rei declarou a você: *"Foi-me dada toda a autoridade nos céus e na terra"* (Mt 28.18). É hora de nos apropriarmos disso e tratar o mal do jeito certo: expô-lo, envolvê-lo e mantê-lo longe *por* Cristo.

Para se tornar um homem de Deus, você precisará:

- Enfrentar a realidade do mal.
- Integrar informações que Deus forneceu nas Escrituras.
- Ficar cada vez mais consciente da presença de Satanás.
- Manejar suas armas com habilidade e intenção de causar dano.
- Lutar contra o inimigo.

Nos capítulos a seguir você descobrirá que a maior batalha a travar contra o inimigo está em sua própria cabeça. Discipline sua mente, porque os ataques sobre ela crescerão. O verdadeiro espírito de luta como homem de Deus é permitir-se ser dirigido por ele e aplicar aquilo que ele lhe mostrar. Toda aplicação exigirá que você se renda com o objetivo de garantir suas vitórias. Prepare-se.

Um novo trovão está chegando.

2

O demônio não é ficção

É um testemunho significativo da realidade dos demônios o fato de que todos os autores do Novo Testamento, com exceção do autor de Hebreus, mencionam demônios ou anjos malignos. Até mesmo Hebreus, porém, cita o nome do Diabo (Hb 2.14).
C. Fred Dickason

"Kenny, preciso que você jejue e ore antes de vir trabalhar amanhã".

Um frio percorreu minha espinha enquanto tentava decifrar o olhar de Darren e entender o que ele acabara de falar. Nada de "Oi, como vai?" ou "Ei, vamos comer alguma coisa?". A urgência me impressionou.

Em praticamente qualquer contexto, o pedido poderia trazer à mente uma daquelas circunstâncias cotidianas mas singulares que exigem atenção extra. Você sabe, talvez uma cirurgia de uma pessoa querida ou uma decisão sobre a carreira. Mas na ala de segurança de um hospital psiquiátrico tal urgência é outra história. Meu cérebro trabalhou em velocidade de dobra espacial para discernir que história poderia ser aquela e, em nanossegundos, conseguir entender tudo. Existem apenas alguns contextos bíblicos e práticos em que um pedido como esse poderia ser feito de irmão para irmão. Pensei a respeito. "Mas esta espécie só sai pela oração e pelo jejum" (Mt 17.21). Bing! Bing! Bing! Eu sabia o que era. Estávamos prestes a ter um encontro poderoso com o mal através de um de nossos pacientes da ala de segurança. Já sabia, mesmo sem Darren dizer nada.

Havia anos eu esperava ouvir aquelas palavras sinistras de um de nossos capelães. Como diretor de programas psiquiátricos de internos, tive muito contato direto com pacientes: transtorno bipolar, maníaco-depressivos, psicose, esquizofrenia, tendências suicidas e assassinas, transtornos de alimentação, compulsão e automutilação, delírios religiosos e diagnóstico duplo de moléstias da mente e do corpo (pessoas que precisam tratar doenças psicológicas e psiquiátricas com substâncias químicas). Por cima de tudo isso, minha própria família havia experimentado surtos psicóticos com os quais tivemos de lidar com cuidado e delicadeza, realizando as melhores intervenções disponíveis. Tudo isso ocorria, até onde eu podia dizer, sem causas demoníacas.

É certo que o lado delirante e psicótico do serviço de saúde psiquiátrica sempre foi algo turbulento e exigiu certa aceitação da estranheza. Em muitas situações, pacientes acreditavam que eram personagens históricos. Só para ter uma ideia, encontrei-me pessoalmente com Jesus, Maria, o apóstolo Paulo e Barnabé. Numa dessas ocasiões, um de nossos "apóstolos" levou secretamente outros pacientes até a banheira para batizá-los como parte de um episódio de alucinação. O trabalho de saúde mental não é assunto do qual se rir, mas ocasionalmente você precisa rir, talvez para evitar o choro. Para muitas famílias, incluindo a minha própria, a expressão *viver um inferno* não está longe da verdade.

Sendo assim... você agora provavelmente está dizendo algo como "Chega do mundo de diagnósticos da saúde mental!". Mas existe uma coisa. É importante que você saiba um pouco sobre meu passado porque há muitos cristãos e assim chamados especialistas que não conseguiriam fazer distinção entre uma verdadeira invasão demoníaca e uma doença mental. Muitas pessoas que sofrem de patologias induzidas psicológica e quimicamente foram mal diagnosticadas por cristãos bem-intencionados como possuídas por demônios, e certas pessoas que tiveram patologias demoníacas manifestas foram mal diagnosticadas e maltratadas por profissionais da área de saúde mental. Já vi as duas coisas acontecerem.

Em seguida, adicione Darren. Ele era capelão pastoral clínico credenciado e havia passado vários anos no Zaire (a atual República Democrática do Congo), onde se viu regularmente face a face com possessão demoníaca. Além disso, recebeu grau de mestre em Divindade pelo Seminário Fuller, um dos melhores seminários dos Estados Unidos. Portanto, ver aquele homem dizendo aquelas palavras era muito diferente de escutar um pregador de televisão usando as coreografadas táticas de amedrontamento. O brilho em seus olhos transmitia uma humilde certeza nascida da experiência; sua postura e seu comportamento eram os de um guerreiro espiritual. Nesse contexto, seu pedido para jejuar e orar antes de eu vir para o trabalho foi alto e claro. Alguém estava com dificuldades contra o mal e precisava de ajuda. E ele estava me pedindo para ser seu copiloto na batalha.

Seu pedido para jejuar e orar antes de eu vir para o trabalho foi alto e claro. Alguém estava com dificuldades contra o mal e precisava de ajuda.

Isso fez minha adrenalina correr pelas veias.

Darren percebeu que alguma outra coisa estava acontecendo com a mulher do quarto 302, a mulher cujo nome na ficha de entrada era Wendy.

Confrontação com o mal

Depois de lançar seu pedido, Darren falou sobre sua visita a Wendy como capelão na ala de segurança. Ela lhe contou o fato de ter sofrido abuso sexual nas mãos de seus pais e de ter se envolvido com o oculto (também através de seus pais). Em seguida, explicou como se sentia assediada por vozes que dominavam sua capacidade de pensar e de tomar decisões. As vozes também lhe diziam que ela deveria se matar, razão pela qual foi transferida para a ala de segurança.

Naquele ponto, as luzes vermelhas de Darren começaram a acender. Ela era aparentemente inteligente, com pouco menos de 30 anos, suicida, com um histórico de traumas horríveis que estavam além de seu controle. Ainda assim, suas dificuldades não se encaixavam no padrão normal de comportamento alucinatório ou psicótico. O mais estranho era que Wendy conseguia falar de maneira objetiva e racional sobre seus problemas. Contudo, *ao mesmo tempo*, ela se sentia incapaz de fazer alguma coisa em relação a eles.

Por fim, Darren contou que Wendy fizera um pedido corajoso. Ela lhe pediu ajuda para tratar das vozes que estavam dominando seus pensamentos nos últimos dez anos. Foi *então* que as coisas começaram a ficar interessantes. Alguém não queria a ajuda de Darren, e esse alguém deixou isso bem claro.

Sem aviso, a face de Wendy se contorceu numa carranca raivosa, e uma voz semelhante a um rosnado declarou: "Você não pode tirá-la de nós". Isso foi seguido por um astucioso derramamento de abominações sobre Darren, lançando um desafio à clara consciência de meu amigo quanto à sua identidade como homem de Deus — um agente de Jesus Cristo. Ao que parece, a tropa de demônios havia ficado insegura diante do pedido de Wendy e da *disponibilidade* e *capacidade* de Darren de realmente ajudá-la. Como resposta, o demônio assumiu pleno controle dela para mitigar a ameaça.

Quando Darren reconheceu essa mudança de personalidade, ordenou em nome de Jesus que os espíritos se aquietassem e pediu para falar apenas com Wendy. O demônio concordou, e Wendy estava presente de novo com clareza e discernimento e — imagine só — *completamente alheia* ao que havia acabado de acontecer. Darren lhe disse calmamente que conseguiria ajudá-la, mas que precisaria trazer outra pessoa consigo no dia seguinte (é, eu mesmo). Ele lhe deu algumas instruções sobre o que esperar e como se preparar. Foi então que Darren saiu apressado da ala de segurança e foi direto à minha sala.

Ao voltar para casa naquele dia, deixei de lado meu costumeiro saquinho de batatas fritas. O desejo por gordura quente e sal simplesmente não estava ali. A perspectiva de enfrentar o mal *mano a mano* redirecionou meu foco — minha mente fora jogada no modo de alta velocidade. Quando um homem se vê diante de um iminente comissionamento para a guerra, sua adrenalina pulsa, seu corpo fica tenso e sua acuidade sobe a níveis incomuns. Eu estava ocupado juntando todos os conceitos, verdades, princípios e versículos pertinentes à preparação; comecei a pensar em como exporia minha autoridade em Cristo quando fosse confrontado pelo demônio. Fiquei pensando se ele me conhecia e se falaria comigo da maneira que fez com Darren.

Não fazia ideia do que poderia acontecer.

Contudo, enquanto dirigia, pensando em tudo isso, o Espírito de Deus começou a eliminar o caos e trazer uma calma confiança. No período de uma hora que levei para chegar em casa, relembrei a Palavra de Deus, carreguei meus pentes de munição e cerquei as bases com orações por Wendy, Darren e por mim mesmo. Pedi sabedoria para falar com o demônio (ou demônios) com a mesma eficiência que Jesus teve. Em particular, dediquei-me novamente à autoridade de Jesus sobre minha vida, confessei e me arrependi de pecados conhecidos e desconhecidos e admiti minha incapacidade de fazer qualquer coisa sem o poder de Deus. Quando pisei na calçada e senti o cheiro do jantar que eu não comeria, um último pedido de oração me veio: "Senhor, prepare Chrissy para esta notícia prestes a sair da minha boca".

Não é preciso dizer que não consegui dormir muito naquela noite.

Batalha psicológica

Como era de esperar, assim que coloquei o pé no hospital, os jogos mentais começaram a todo vapor. O "jogo" havia começado para o inimigo e seus agentes, e eles estavam deixando algumas grandes crateras, fazendo com que eu parasse para olhá-las:

O que o psiquiatra que atendia Wendy iria pensar?

Onde você vai realizar esse pequeno exorcismo?

Você vai colocar em risco todo o seu programa!

A equipe clínica inteira vai rir de você!

Você pode perder o contrato de serviços com este hospital!

Como você vai documentar *isso* no controle de horas do hospital?

E se você estiver completamente errado em relação a isso e a paciente estiver realmente tendo delírios ou surtos psicóticos?

Só um tolo correria riscos tão grandes! E para quê?

Enquanto essas invasivas granadas de pensamento eram arremessadas contra meu cérebro e explodiam, pode-se dizer que comecei a sofrer uma pequena neurose de guerra. O fluxo contínuo de artilharia pesada era incessante e altamente eficiente. Jogos psicológicos são táticas mentais empregadas para persuadir as pessoas a agir ao contrário da maneira que originalmente desejavam. Parece maligno já por definição, não é? Mas isso nada mais é que a antiga batalha psicológica — e o adversário é bem versado em seu uso. Com esse fim pervertido, Satanás e seus agentes estavam levando a disputa a um nível mais elevado.

Fui chacoalhado pelas realidades que cada um daqueles cenários representava, e ainda assim eu sabia que não havia volta. Senti-me como Lúcia Pevensie, a personagem de C. S. Lewis, entrando pelo guarda-roupa e saindo em outra realidade. A diferença era que, em minha Nárnia, não havia personagens meio-humanos amigáveis do outro lado.

Encontrei-me com Darren no escritório e imediatamente iniciamos nosso contra-ataque: orações guiadas pelo Espírito e endereçadas às mais importantes fortalezas dentro da mente de Wendy. Também nos vestimos para a batalha, colocando uma armadura como aquela descrita em Efésios 6 (vamos nos aprofundar nisso mais adiante, no capítulo sobre armas). Ainda mais importante, tínhamos um parceiro igualmente armado. Darren havia sabiamente buscado ajuda na luta: "Um homem sozinho pode ser vencido, mas dois conseguem defender-se" (Ec 4.12). Saímos de nossa sala e começamos a caminhar pelo corredor, vestindo uma armadura que outros não podiam ver, para encontrar um adversário que ninguém mais reconhecia e para libertar uma cativa que ninguém mais poderia alcançar.

Destino: quarto 302.

Primeiro golpe

Cumprimentamos Wendy em seu quarto e a acompanhamos a uma sala de aula na ala de segurança, longe dos escritórios dos funcionários e das áreas comuns. Ao entrarmos, notei que havia um ponto cego criado pela posição da porta, onde poderíamos nos colocar *e* ao mesmo tempo nos isolar de olhares indesejados. Exceto por algumas cadeiras, estávamos apenas nós três ali. Sentados, começamos uma conversa com Wendy e os agentes do mal que duraria por mais de uma hora.

— Wendy, você se lembra das perguntas sobre as quais pedi que pensasse na noite passada?

— Sim — disse ela com a mais suave das vozes.

— É seu desejo ver-se livre dessas vozes e pensamentos que você não consegue controlar?

— Sim — disse ela mais uma vez. Darren prosseguiu com as perguntas e o diálogo, ambos diretos e firmes.

— Wendy, você renuncia a toda e qualquer conexão com o oculto, com Satanás e todas as suas obras?

De cabeça baixa, a meio metro de distância, colocava-me em oposição aos demônios, tronos e poderes em nome de Jesus e, pela autoridade dele, ordenava a todos eles que se mantivessem quietos enquanto Darren interagia com Wendy.

— Sim — foi novamente a sua resposta.

Pressionando em relação à verdadeira questão, ele então se concentrou nela e perguntou:

— Wendy, isso é realmente muito importante. Você acredita que Jesus Cristo é o Filho de Deus, que ele a ama, que morreu por você e que quer perdoá-la e livrá-la do mal?

Mais uma vez a resposta foi "Sim, eu acredito", mas dessa vez ela saiu forçada e com resistência. Ufa! Disciplinei-me a permanecer focado e a imobilizar aquelas forças que impediriam Wendy de assumir um compromisso voluntário e sem perturbação com Jesus Cristo.

> "Ela é nossa e vocês não podem tê-la!", rosnou ele por entre os dentes cerrados de Wendy.

Darren então começou a orar com Wendy, levando-a a renunciar todos os elos com o mal de seu passado e entregando a si mesma, seu futuro e todo o controle de sua vida a Jesus Cristo. Tão logo pronunciou as últimas palavras de sua oração, o demônio entrincheirado se manifestou, reiterando suas intenções.

— Ela é nossa e vocês não podem tê-la! — rosnou ele por entre os dentes cerrados de Wendy. Seu ódio por nós era patente, e o espírito ficou mais do que irritado por ser desalojado. Seu controle confortável estava agora ameaçado, seus dias de invasor na vida dela estavam prestes a terminar. Ele não tinha mais direito espiritual de permanecer ali.

Darren e eu rapidamente invertemos os papéis. Comecei a falar e ele começou a orar. Foi uma transição não ensaiada e sem transtornos.

— *Você* [referindo-se a mim] está aqui para tirá-la de nós? — reclamou ele.

"Nós?", pensei. Ele quis dizer que havia uma companhia de demônios ali, assolando aquela bela moça. Finalmente assumi a liderança.

— Qual é seu nome? — perguntei. Nenhuma resposta, apenas rosnados, face voltada para o chão e, em seguida, olhares e grunhidos para me intimidar. Repeti:

— Em nome de Jesus Cristo, ordeno que você me diga seu nome.

Pude perceber uma pausa de seu controle sobre os lábios de Wendy quando o demônio irritado respondeu:

— Sou o Falador.

Não ironicamente, seu nome batia com a principal reclamação de Wendy: vozes dominadoras que se sobrepunham a seus próprios desejos e pensamentos, causando confusão, tormento, culpa, diagnósticos ruins e tratamento sem sucesso.

— Wendy pertence a Jesus Cristo agora e você não pode ficar. Em nome de Jesus Cristo, aquele que criou você, ordeno que saia desta mulher.

Essa é uma das declarações que voltaram à minha mente repetidas vezes porque, penso eu, ela me lembra de todas as partes da estrutura de autoridade e também porque, com minha experiência limitada, eu precisava de um jeito simples e direto de lidar com o demônio. Não me afastei muito desse foco o tempo todo.

— Você não pode ficar. Você não tem mais autoridade. Agora é Jesus Cristo quem tem autoridade sobre Wendy.

Qualquer outra coisa que eu possa ter dito naquela sala se perdeu para mim. Quando eu parava de falar, Darren entrava no circuito. Fizemos isso em turnos de aproximadamente dez minutos, com várias versões da mesma ordem durante uma hora inteira. Senti que precisávamos manter a pressão sobre o Falador para mantê-lo em seu lugar, e foi exatamente isso o que fizemos, até que ele percebeu que tinha de abrir mão do controle da mente dela.

O primeiro sinal de que algo estava funcionando veio quando Wendy repentinamente ficou descontrolada e violenta.

De seu assento no chão, ela começou a sacudir muito, como se estivesse tendo uma convulsão. Na verdade, imagino que era a violenta pega do demônio sendo extraída pelo próprio Deus. O demônio não queria soltar. As garras do Falador estavam fincadas tão profundamente na mente de Wendy que foi necessário um trabalho imenso para arrancá-las dos cantos e recantos dos pensamentos dela. A parte superior de seu corpo se curvava sobre a cintura até o chão, com a cabeça abaixada e sacudindo. Então, com um grito bem alto, sua postura mudou. Seu corpo se ergueu de novo, com a cabeça voltada para o teto.

— Eu o repreendo em nome de Jesus. Saia de Wendy em nome de Jesus. Deixe Wendy em nome de Jesus; ela não lhe pertence mais.

Continuei até que ouvi um grande grito e ela caiu mole no chão. Falador havia finalmente levado um chute de Cristo. Sem realmente saber o que fazer em seguida, Darren assumiu o comando e fez o que seu treinamento no campo havia exigido: verificar a presença de mais demônios. Toda legião de demônios tem seu rebanho, e esse não foi exceção, conforme percebemos ao procurar algum outro demônio restante. Havia muitos, e esses saíram sem diálogo, sem incidentes, mas com lamúrias, como se fossem combatentes desanimados após o nocaute de seu líder. Seu pastor do mal havia partido.

Nos últimos três assaltos, aparentemente desenvolvemos um padrão. Mais alguns tremores e lamentos, e mais verificação em busca de outros demônios. Com a derradeira saída, não houve resposta, apenas uma moça desnorteada olhando para nós.

Acabou.

Liberdade

A expressão da face de Wendy era de alguém procurando algo, um pensamento ou uma ideia. Seus olhos estavam arregalados, e sua cabeça virava vagarosamente de um lado para o outro. Sua linguagem corporal nos revelou que ela estava prestando atenção em alguma coisa. Virou-se para nossa direção, com a cabeça inclinada. Mas não era em nós que ela prestava atenção. Ficamos sentados em silêncio, observando-a e, depois de um minuto ou mais, ela finalmente falou.

— Não consigo escutar nada.

Sua voz era fraca, rouca. Mas ela parecia estar cautelosamente otimista.

— Pela primeira vez em dez anos, não escuto nada. Não ouço voz alguma.

Parte de mim queria pular, abraçar meu copiloto e gritar de felicidade. A outra parte de mim queria deitar no chão. Então, ouvi uma clara voz dizer: "Ajude a pobre moça a entender o que aconteceu e dê-lhe incentivo".

Assim, Darren e eu passamos a hora seguinte ou mais explicando passo a passo o que havia acontecido. Mais importante, conseguimos solidificar a decisão de Wendy de entregar sua vida a Jesus. Isso incluiu leitura de textos bíblicos que falavam de sua nova posição, identidade e conexão com Cristo. Wendy era como uma menina recém-nascida dando passos de bebê rumo à liberdade que fora selada pelo Espírito Santo. Fizemos a jornada de volta pelo guarda-roupa para sair de Nárnia, retornando ao cenário de uma ala de segurança de um hospital psiquiátrico.

Ninguém ficou mais sábio do que quando entrou. Mas ninguém que estava ali naquele dia é o mesmo desde então.

Contudo, como veremos nas páginas seguintes, não precisamos ter um encontro cara a cara com o demônio, do tipo direto no queixo, para nos juntarmos à luta. O que precisamos é de homens de Deus que não sejam apáticos, ambivalentes ou indiferentes em relação ao mal. Não podemos mais nos dar ao luxo de ficar inertes e dar permissão a Satanás para abusar de nossos irmãos e irmãs. Devemos encarar a realidade do mal para pôr fim às duas coisas que mais incentivam e aceleram as campanhas de Satanás: a incompetência e a passividade dos seguidores de Cristo.

Porque uma coisa que o Diabo ama é um cristão bem-intencionado mas mal informado.

Devemos nos esforçar para criar movimento na direção oposta, para nos tornarmos guerreiros inteligentes e agressivos contra o mal.

Percebeu que "inteligentes" vem antes de "agressivos"? Isso é fundamental. Porque uma coisa que o Diabo ama é um cristão bem-intencionado mas mal informado.

3

Paixão não é suficiente

> Existe um antigo provérbio europeu ao qual vale a pena dar atenção. Diz o seguinte: "A idade e a deslealdade sempre derrotarão a juventude e o zelo".
>
> Francis Frangipane

Antes de prosseguir para a batalha tática, precisamos estar bem versados em algumas informações táticas. A maneira como nos aproximamos do inimigo faz toda a diferença no modo como lutamos e, por fim, o derrotamos.

Considere uma parábola.

Na primavera de 1952, em mais um dia de combates aéreos, pilotos da Marinha Real Britânica passaram literalmente por um batismo de fogo quando se viram face a face com o caça de fabricação soviética MiG-15, que era usado pelos norte-coreanos. A Guerra da Coreia estava em seu terceiro ano, e notícias do embate (que terminou mal para um daqueles pilotos) correram rapidamente.

Imediatamente, foram convocadas reuniões de planejamento de voo com a presença de pilotos e de equipes de base. Novas estratégias para combater os MiGs, mais velozes e com ascensão mais rápida, foram desenvolvidas para os pilotos norte-americanos, que tinham um novo desafio em mãos. Um dos que participavam atentamente daquela reunião era um piloto dos caças Corsair da Marinha, o capitão Jesse Folmar. A dura realidade que se apresentava diante de Folmar e de todos os pilotos de Corsair era a seguinte: o MiG, a jato, podia vencer facilmente o Corsair, de motor a pistão.

Cerca de três semanas depois dessa reunião, Folmar estava voando com seu Corsair rumo a uma área de ataque contra tropas coreanas quando ele e seu colega piloto de caça entraram num vespeiro de sete MiGs. A ação foi mais ou menos como segue.

Folmar iniciou uma curva em sua rota quando viu dois MiGs numa formação aberta, indo na direção dos Corsairs. Nos poucos segundos seguintes, várias coisas aconteceram. Folmar disse: "*Tally ho*, bandidos!". Decidiu usar toda a sua força, ejetando seu canhão e o tanque de combustível adicional, e avisou pela frequência de emergência de seu rádio que começaria um ataque. Ao mesmo tempo, virou-se na direção da ameaça, dizendo a Daniels (o piloto do outro Corsair) para permanecer perto dele.

Um MiG mergulhava por trás de Folmar. Daniels o atacou e trocou tiros com ele numa breve passagem de frente. O MiG virou para a esquerda e se afastou, permitindo que Daniels revertesse sua volta e a completasse a estibordo de Folmar. Enquanto Daniels trocava tiros com seu MiG, Folmar detectou outros dois. Eles se aproximaram com velocidade pela posição das oito horas e Folmar virou desesperadamente para a esquerda, tentando usar suas armas o mais rápido possível antes que os inimigos abrissem fogo. Mas o ângulo de deflexão foi muito grande e a velocidade final muito alta. Balas traçantes passaram acima do Corsair de Folmar; os Vermelhos haviam conseguido desviar.

Aparentemente, um dos MiGs passou entre Folmar e Daniels. Folmar ergueu-se pelo lado direito e encontrou o jato subindo em direção à esquerda. O MiG estava temporariamente vulnerável. "Levantei o nariz do avião para cima, peguei-o na minha mira, cerca de vinte milímetros abaixo da marca, e fiz uma salva de cinco segundos", relatou Folmar. "Só pude dizer que ele estava na minha mira pelas fagulhas ao longo do lado esquerdo da fuselagem". O MiG soltou uma corrente de fumaça cinza que, em segundos, tornou-se negra. Enquanto ele se inclinava para baixo e desacelerava, o piloto ejetou em meio a uma enorme bola de fumaça. Folmar e Daniels puderam ver que seu traje anti-G estava pegando fogo. O jato incendiado caiu verticalmente na água de uma altura de mais de 2 mil metros.[1]

A perda de um de seus valiosos MiGs deixou os norte-coreanos muito mais cautelosos e menos agressivos nos meses que se seguiram nos céus da Coreia. O Corsair F4U, um caça movido por um motor a pistão, era um dinossauro na época da guerra, mas a improvável derrota imposta por Jesse Folmar ao MiG, mais veloz e mais ágil, ainda é citada como uma lenda.

A vítima flamejante de Folmar foi o último jato inimigo a ser derrubado por uma aeronave movida a motor a pistão no conflito da Coreia. Analistas de combate aéreo creditam a improvável vitória de Folmar a fatores como experiência, visão aguçada, inteligência, habilidade e trabalho em equipe com Daniels, tudo isso combinado com a inexperiência e a falta de familiaridade com o MiG por parte dos pilotos norte-coreanos.

Vai entender. O melhor, mais forte e mais rápido é derrotado pelo mais velho, mais lento e mais *esperto*.

Vai entender. O melhor, mais forte e mais rápido é derrotado pelo mais velho, mais lento e mais *esperto*.

Jatos e pistões

O MiG-15 *deveria* ter vencido. Isso é dado como certo. Mas, enquanto as probabilidades estavam todas a favor do MiG, foi um erro subestimar o capitão Jesse Folmar em seu Corsair —

um erro grande, gordo e barulhento em forma de bola de fogo, para ser exato. Ele estava em desvantagem numérica e de capacidade de ataque, mas não foi superado em termos de *ideias*. Não sei o que os instrutores de voo soviéticos estavam dizendo a seus pupilos norte-coreanos, mas uma coisa eu realmente sei: os homens são todos iguais. Os pilotos norte-coreanos estavam maravilhados diante das vantagens do MiG em velocidade e capacidade de manobra, haviam recebido informações de inteligência sobre a velocidade máxima do Corsair F4U e é bastante provável que estivessem se sentindo muito bem em relação a suas chances quando colocaram o cinto de segurança para suas primeiras missões. Coisas novas e brilhantes mexem com os homens. Convencemo-nos e passamos a acreditar que somos um reflexo daquilo que possuímos, dirigimos ou pilotamos. Seja uma Mercedes, seja um MiG, nós *somos* nossos acessórios.

Certo?

Essa é uma falha particularmente masculina, e normalmente é fatal. Não há dúvidas de que isso fazia parte da dinâmica entre os pilotos norte-coreanos. Eles achavam que seriam invencíveis. Como não poderiam ser? Na mente deles, o MiG foi desenvolvido para ser invencível diante das aeronaves da Idade da Pedra nas quais os americanos estavam voando. Em qualquer grupo de homens, pensamentos como estes, induzidos pela testosterona, podem se acumular uns sobre os outros à velocidade da luz:

- Eles não vão perceber nossa aproximação.
- Os americanos serão alvos móveis muito lentos.
- Vou pegar o primeiro deles.
- Temos jatos, eles têm motores a pistão.
- Vamos ganhar a guerra para nosso país e nos tornaremos grandes heróis!

Agora, vamos voltar à questão de nos envolvermos na luta contra o mal. Nessa parábola, nós somos os MiGs. O homem de Deus está mais bem equipado para a luta e ele *deve* vencer. Adoramos nossa posição em Cristo. Amamos a vitória que ele conquistou sobre Satanás na cruz. Estamos entusiasmados. Temos a melhor armadura e as melhores armas.

Mas, assim como os norte-coreanos, somos suplantados e superados pelo Diabo. Ele não deveria prevalecer, mas está ganhando a maioria das batalhas aéreas com homens no corpo de Cristo. Ele não deveria ter superioridade aérea, mas, taticamente, ele é melhor em seu jogo, e lutará até a morte. Ele está fazendo com que homens de Deus caiam fora do casamento, comprometam sua fé, abandonem sua disciplina e questionem seu compromisso com Cristo. Infelizmente, dos céus acima dessa luta estão chovendo paraquedas e bolas de fogo.

> Convencemo-nos e passamos a acreditar que somos um reflexo daquilo que possuímos, dirigimos ou pilotamos. Seja uma Mercedes, seja um MiG, nós *somos* nossos acessórios. Certo? Essa é uma falha particularmente masculina, e normalmente é fatal.

Lembre-se: estamos falando de homens que subiram à cabine cheios de energia e zelo. Sua fé na vitória decolou como um jato supersônico e foi abatida em pleno voo por um caça com motor a pistão.

O Diabo é um veterano astuto.

Satanás é lendário por sua capacidade de derrubar os melhores homens que começaram sua jornada com Cristo plenamente equipados com todos os recursos de Deus e as melhores das intenções. Veja só. *Precisamos entender como ele é bom nisso para que possamos elevar nosso respeito e nossa consciência ao ponto em que precisam estar.* Ainda que nossa posse dos recursos espirituais para as batalhas aéreas contra o mal esteja garantida, isso não significa domínio ou controle ou vitória em nossa luta na terra. Zelo e equipamento não são suficientes.

Tenho a impressão de que toda semana escuto falar de outro líder ou colega de pastorado no exército de Deus que foi abatido após o que parecia ser um início impressionante. A história deles segue um padrão assustadoramente familiar:

- Conversão altamente visível.
- Crescimento espiritual acelerado e treinamento.
- Aspiração visionária.
- Grande capacidade de dons espirituais e disposição de arriscar.
- Chamado claro para o serviço e ministério para Cristo.
- Aumento de responsabilidade de liderança no corpo de Cristo.
- Sucesso e reconhecimento.
- Crescimento de pressões ligadas a suas responsabilidades.
- Crescentes frustrações e desânimos.
- Aumento de isolamento dos outros e abertura a pequenos comprometimentos espirituais.
- Pontos de apoio espiritual estabelecidos pelo inimigo; crescimento de pecados particulares.
- Comprometimento na relação com Deus e com as pessoas.
- Lutas particulares ocultas em meio ao sucesso público.
- Cinismo e indiferença induzidos pelo pecado.
- Isolamento de outros e grande resistência à prestação de contas.
- Aumento da vulnerabilidade aos ataques externos.
- Descontentamento e perda de visão de ministério e serviço.
- Aceitação de pecado habitual como remédio para o desespero espiritual.
- E, por fim, uma enorme bola de fogo que deixa enormes rolos de fumaça negra em sua queda rumo a terra.

Para esses homens e outros como eles, não foi o pecado que provocou a queda; foi sua *falta de discernimento e de compreensão de seu inimigo.* Em algum lugar ao longo do caminho, o homem de Deus:

- Compartimentalizou o mal.
- Transformou o inimigo num abstrato constructo teológico.
- Ignorou as advertências de Deus.
- E nunca percebeu o Diabo se aproximando.

No início de sua busca espiritual, eles viam Satanás como uma grande ameaça. Mas agora, com vitória sobre grandes pecados, certo crescimento espiritual e sucesso, além de algum conhecimento sobre Deus para exibir na frente dos outros, o nível de ameaça foi reduzido à condição verde, ou seja, baixo risco.

> Não foi o pecado que provocou a queda; foi sua *falta de discernimento e de compreensão de seu inimigo.*

Perfeito.

Ao mesmo tempo, porém, Satanás fez uma curva para a direita e encontrou nosso homem de Deus temporariamente vulnerável.

Satanás disparou os tiros, mas a *ignorância* foi a verdadeira culpada.

Reunião de planejamento de voo

Convocados inesperadamente por Jesus, Pedro e André deixaram tudo para viajar e fazer treinamento com um Homem que lhes disse que, um dia, eles seriam pescadores de homens. Essa conversa junto ao mar da Galileia parecia uma lembrança distante agora, por conta da rápida escalada e da popularidade do ministério de Jesus. Eles haviam testemunhado o primeiro sermão no monte, viram-no tocar o leproso, aplaudir a fé do centurião, acalmar uma tempestade, ressuscitar uma menina morta e fazer um paralítico andar, e quem poderia se esquecer do homem possesso de Gadara? Uma palavra saída dos lábios de Jesus e um rebanho de porcos se jogou num lago!

Que homem!

Durante todo aquele tempo, eles estavam aprendendo a arte da guerra, como promover o avanço do reino em meio a homens hostis de todas as correntes — religiosas, políticas, culturais e satânicas. Ele lhes mostrava como um compassivo homem de Deus luta durante seu tempo na terra: ensinando, pregando, curando e ousadamente libertando aqueles que são mantidos cativos e controlados pelo pecado e pelo deus deste mundo. Mas a residência deles estava chegando ao fim. O período de seleção, associação e demonstração dava lugar à fase seguinte: *delegação e supervisão*. Ele olhou para eles e disse: "A colheita é grande, mas os trabalhadores são poucos. Peçam, pois, ao Senhor da colheita que envie trabalhadores para a sua colheita" (Mt 9.37-38).

Essa "reunião de planejamento de voo" convocada pelo Mestre Instrutor foi exatamente como se segue. Ele chamou seus doze discípulos e "deu-lhes autoridade para expulsar espíritos imundos e curar todas as doenças e enfermidades". E disse-lhes:

> "Por onde forem, preguem esta mensagem: O Reino dos céus está próximo. Curem os enfermos, ressuscitem os mortos, purifiquem os leprosos, expulsem os demônios. Vocês receberam de graça; deem também de graça [...]. Eu os estou enviando como ovelhas entre lobos. Portanto, sejam astutos como as serpentes e sem malícia como as pombas".
>
> Mateus 10.1,7-8,16

Ora, isso é o que eu chamo de luz verde! Com o pleno apoio do Comandante Supremo, os homens de Deus tinham:

- Permissão para voar ("deu-lhes autoridade").
- Uma mensagem para transmitir ("preguem esta mensagem").
- Alvos para encontrar (enfermos, mortos, leprosos, possuídos por demônios).
- Poder para libertar (curar, ressuscitar, purificar e expulsar)
- Um peso para sentir ("Vocês receberam de graça; deem também de graça").
- Uma metáfora com que se familiarizar ("eu os estou enviando como ovelhas entre lobos").
- Duas ordens a cumprir ("sejam astutos" e "sem malícia").

Imagine que você está ali. Qual desses itens colocaria seus neurônios em alta rotação?

Quando tropas aerotransportadas são lançadas numa clareira que vai receber balas logo de cara, ela é chamada de "zona quente". Isso significa que o local será *hostil desde o momento em que pousarem*. Esse é o tipo de aviso que faz os soldados vomitarem quanto mais perto chegam do local. Se não vomitarem, as lâminas de helicóptero que estão girando dentro da barriga de cada um deles se equiparam em termos emocionais às lâminas de verdade.

Antes desse aviso, qualquer outra instrução dada aos discípulos deve ter causado bem-estar. Essa condição de hostilidade não mudaria para aqueles homens até que fossem martirizados. Jesus não lhes deu falsas esperanças nem conforto. Ele foi direto e objetivo: aquela era uma campanha para livrar o mundo das garras de Satanás através do avanço do reino. Ele não disse "Vocês serão como ovelhas entre lobos por algum tempo". Ele quis dizer que isso aconteceria para o resto da vida.

Pense nos lobos por um instante:

- Eles comem ovelhas.
- Eles caçam em grupos.
- São animais lindos, com dentes pontudos e afiados.
- Têm um excelente olfato.
- São espertos, furtivos e mortais.

E você não quer ser pego sozinho pela alcateia.

Entenda uma coisa, homem de Deus: você é uma ovelha entre lobos *neste exato momento*. E você continuará entre eles enquanto estiver por aqui, até ser chamado ao gabinete do Comandante Supremo para dar baixa.

Uma das principais razões pelas quais estamos sendo massacrados é que somos ovelhas entre lobos, mas agimos como ovelhas entre esquilos. Seguimos por este mundo como se não houvesse hostilidade — e nenhuma zona de guerra! "Que bombas? Que inimigo? Que destruição? Fardos? Casos? Divórcio? Falta de pais? Vidas destruídas? Ah, essas coisas. Sim, é uma pena. Ei, você quer um refrigerante normal ou *light* junto com seu prato de negação?".

> Uma das principais razões pelas quais estamos sendo massacrados é que somos ovelhas entre lobos, mas agimos como ovelhas entre esquilos.

Esse tipo de ignorância é a definição de disfunção espiritual.

Ainda assim, os homens equilibrados que chamam atenção para essas campanhas promovidas pelo mal são considerados idiotas, e os homens idiotas que brincam com os esquilos são considerados equilibrados. Essa visão disfuncional da batalha espiritual faz que os que estão lutando se sintam justificavelmente frustrados com aqueles que não estão. "Hoje", diz Bono (do U2), "existe um monte de covardes correndo por aí com seus clubes 'me abençoe, me abençoe'. E existe uma guerra acontecendo entre o bem e o mal. Milhões de crianças e milhões de vidas estão sendo perdidas para a ganância, para a burocracia e para uma igreja que está dormindo. Isso me deixa louco de raiva".[2]

Dá para sentir a frustração e, ao mesmo tempo, a felicidade de Satanás. "É isso mesmo", diz ele. "Apenas esquilinhos inofensivos".

Quer mais? Agora mesmo posso ver Satanás inclinado junto a seu ombro: "Mas qual é a do autor deste livrinho? Bono? Fala sério, ele o tem como seu teólogo? Relaxe. Não esquente. Coloque o livro do lado e pegue sua Coca *light*".

Ele não é apenas silencioso; quer que você o deixe permanecer oculto e que acredite que ele não é uma ameaça. Não o deixe mentir para você. Ouça Jesus: são *lobos*, não esquilos.

Serpentes-pombas

Uma estranha combinação, mas, quando você coloca isso junto de *astutos* e *sem malícia*, as serpentes e as pombas começam a fazer sentido. Jesus sabia que, se era para seus homens saírem para lutar numa zona quente, então precisariam de muita informação tática e um coração puro para *traduzir* essa informação em ação. De acordo com Jesus, sabedoria e cautela (astúcia), combinadas com virtude e integridade (falta de malícia), lhes dariam a capacidade de saber o que fazer em seguida para ter sucesso. Esses dois traços tinham de estar presentes antes de partir para a guerra contra o mal.

Um homem de Deus astuto:

- Passará o machado no pecado pessoal.
- Guardará e preservará de forma impetuosa seus ganhos espirituais.
- Agirá com discernimento em todas as situações que impactem seus relacionamentos com Deus e com as pessoas.
- Não permitirá que emoções negativas cresçam e façam o jogo dos planos do inimigo.

- Possuirá boas informações táticas sobre seu inimigo.
- Escolherá cuidadosamente suas batalhas para não desperdiçar energia.
- Apaziguará com sabedoria os conflitos internos para trazer paz
- Eliminará distrações, desvios e dúvidas que obscureçam as questões.
- Agirá de maneira rápida e decisiva quando necessário.

Ao pensar na palavra "astuto", a ideia é ser *observador* e *não ingênuo*. Preparação perfeita antes de ir para a guerra. Em outras palavras: "Seja claro em relação à sua missão, seja intencional e não a comprometa por ser preguiçoso — ou por qualquer outra razão". A mesma ordem é lançada sobre você agora, homem de Deus, enquanto nos preparamos para seguir em direção à luta. Neste exato momento, Jesus está lhe dizendo: "*Mantenha-se afiado, firme em seu propósito, e não se permita levar um golpe sem aviso! Seja astuto como uma serpente e sinta a batalha de acordo com os parâmetros de seu espírito; sinta as vibrações e seja esperto, porque para superar uma serpente você precisa pensar como uma. O inimigo é hábil e esperto. Não seja superado!*".

Seja astuto.

Então, à sua astúcia espiritual adicione a falta de malícia, ou inocência. Um homem de Deus inocente:

- Procurará manter seu coração limpo diante de Deus para que possa ouvir a voz do Senhor.
- Examinará a si mesmo abertamente diante de Deus *e* dos homens — nada de segredos.
- Odiará o mal e fugirá dele se isso for necessário para a preservação de sua integridade.
- Controlará a si mesmo para manter influências contaminantes longe de seu relacionamento com Deus.

- Ficará cada vez mais limpo de suas velhas maneiras de viver.
- Definirá fortes limites em sua vida para prevenir-se dos ataques malignos.
- Controlará seus pensamentos e não permitirá a presença de nenhum que esteja fora da vontade de Deus.
- Inundará sua mente com os pensamentos e desejos de Deus.
- Procurará realizar intensa prestação de contas e usará isso para vencer as batalhas contra o mal.

Jesus sabia que inocência em relação ao mal e ao pecado era o segredo da clareza de mente e da receptividade ao Espírito de Deus na batalha. Comprometimentos da mente e do coração aumentam a estática que prejudica a comunicação eficiente necessária no combate de "bandidos" do ar. Imagine um operador de rádio no *front* que é incapaz de pedir uma rajada de metralhadora porque seu cabo foi cortado ou seu sinal sofre interferência. A pureza pessoal de mente, corpo e devoção soma-se à nossa segurança de acuidade e habilidade no campo de batalha. Inocência em relação ao mal, de acordo com Jesus, significa mais impacto na luta contra ele.

Seja inocente.

Jesus tem um propósito com seus homens enquanto os prepara para a guerra. Ele os chama à sabedoria antes da guerra e à virtude antes da vitória. Quanto a nós, nosso compromisso pessoal de nos treinarmos em sabedoria e nos dedicarmos à integridade espiritual é fundamental. Nosso Rei sempre exigiu o artigo verdadeiro: "Por que vocês me chamam 'Senhor, Senhor' e não fazem o que eu digo?" (Lc 6.46). Lutar com Jesus significa estar junto dele por inteiro, colocar as mãos sobre as dele, manter os olhos fixos nele e concordar que vamos levar essa luta até o último suspiro — sem atalhos. O oposto disso? Entrar pela metade, levando as chaves da porta dos fundos no bolso, caso as coisas fiquem desconfortáveis.

Ele também deseja que seus lutadores *optem ativamente e sejam direcionados* pela sabedoria e realidade divinas acima de suas próprias. Ele orou por nós, dizendo: "Santifica-os na verdade; a tua palavra é a verdade" (Jo 17.17). Um homem espiritualmente astuto é um homem da Palavra.

Por fim, ele disse que haveria uma ligação direta entre nossa pureza pessoal de coração e nossa habilidade de experimentar a presença de Deus: "Bem-aventurados os puros de coração, pois verão a Deus" (Mt 5.8). No campo de batalha, sua equipe precisa de boa comunicação, bons sinais e uma intuição conectada. Esse tipo de comunicação não verbal e espontânea é vida e fôlego para uma unidade de luta sob ataques incapacitantes, artilharia pesada e combate individual sangrento. A inocência em relação ao mal, juntamente com a integridade espiritual, coloca a preocupação do conflito interno fora de combate. Elas colocam você acima do ruído, de modo a capacitá-lo a eliminar a sintonia das tentações e das distrações manipulativas de Satanás.

Portanto, lembre-se de que a paixão pela luta decididamente não é suficiente. De acordo com nosso Mestre Instrutor, *astúcia e inocência são as principais qualidades intuitivas exigidas para lutar contra o mal de maneira consistente e eficiente.* Não podem faltar a um homem de Deus lutador. A idade e a deslealdade de Satanás derrotam a juventude e o zelo espirituais todas as vezes. As evidências estão por toda a nossa volta. Os homens de Deus não são bem-sucedidos porque subestimam Satanás, colocam-no numa caixa de metal e são espancados quando ele não permanece ali. Mas, quando a sabedoria e a pureza se combinam com o zelo por Cristo, a vitória pode definitivamente ser alcançada.

Na luta contra o inimigo, são as serpentes-pombas que têm domínio sobre o sr. Lobo.

4

Aquela coisa

Derrubar alguma coisa, especialmente quando ela está numa posição de soberba, é um enorme prazer do sangue.
GEORGE SANTAYANA

"Que desperdício".

É o que dizemos quando conhecemos alguém brilhante, talentoso, competente e altamente habilidoso, *mas* (fale bem devagar) *uma coisa* sobre o caráter da pessoa se coloca no meio do caminho. Aquele obstáculo. Depois de alcançar enorme sucesso, *aquela coisa* é exatamente a coisa que sabota tudo o que a pessoa alcançou com tanto esforço.

Pense em Michael Vick.

Por todos os Estados Unidos, os fãs de futebol americano se apaixonaram pelas habilidades de Michael Vick no Campeonato Nacional de Futebol Americano Universitário, durante o jogo contra o estado da Flórida em janeiro de 2000. Muito embora seu time tenha perdido, o mundo nunca tinha visto tamanho potencial na posição de *quarterback*. O garoto arremessa a bola a 225 jardas (mais de 200 metros) e *corre* 95 jardas para marcar dois *touchdowns*! Em 2001, ele liderou sua equipe numa vitória por 41 a 20 sobre o time da Clemson University e recebeu o título de Jogador Mais Valioso da partida. Como previsto, em abril daquele ano, ele é selecionado na primeira lista da NFL (a Liga Nacional de Futebol), pelo time do Atlanta Falcons e, com apenas uma canetada, torna-se multimilionário. A carreira de Michael Vick nos cinco anos seguintes nada mais é que nitroglicerina ao lado de um fósforo. Como Dan Patrick, do canal de esportes ESPN, gostava de dizer, ele está "*en fuego*":

- Escolhido três vezes para a seleção profissional.
- Participação em três finais.
- Um título da Conferência Nacional de Futebol (NFC), seção sul.
- Participação numa final da NFC.
- Novo contrato no valor de 130 milhões de dólares.

Então, aconteceu aquela coisa.

O ano de 2006 foi uma temporada decepcionante para Mike Vick e os Falcons, que não corresponderam às expectativas da pré-temporada. Não participaram dos *playoffs*, registrando um recorde medíocre, com apenas sete vitórias e nove derrotas. A estrela brilhante dos Falcons saiu sob vaias do estádio depois da derrota para os Saints, que resultou em fim de campeonato para eles. Ao se encaminhar para a saída, ele faz com que seus fãs saibam exatamente como se sente, fazendo o gesto universal que diz "Vaiem *isto*!". Foi a cereja na cobertura do bolo. Aquela coisa lhe custou milhares de dólares na forma de uma multa aplicada pela NFL e lhe deu o privilégio de fazer um pedido público de desculpas. Embora as pessoas se sintam desapontadas, o público não pode ver o câncer que está crescendo dentro de um homem que não tem carência de nada, mas que está prestes a perder tudo por conta, adivinhe, *daquela coisa*. Apenas cinco meses depois, os tanques de combustível caem do foguete de Michael Vick, e a gravidade vence.

A velocidade terminal foi alcançada entre o outono e o inverno de 2007. A Associated Press narrou para a nação o capítulo 1 da desconstrução de Michael Vick:

- 27 de abril: Policiais e inspetores da divisão de controle de animais encontram um complexo de treinamento de cães atrás da casa de Vick, com 66 animais na propriedade.
- 2 de julho: Uma operação ilegal de luta de cães funcionava na propriedade de Vick havia cinco anos.
- 17 de julho: A promotoria pública norte-americana anuncia que Vick e três amigos foram indiciados.
- 19 de julho: A Nike, gigante dos materiais esportivos, suspende todos os produtos vinculados a Vick e termina por cancelar seu contrato de patrocínio.
- 26 de julho: Vick e os outros acusados alegam inocência.
- 30 de julho: Um dos réus faz acordo com os promotores em troca de um testemunho contra Vick.
- 17 de agosto: Dois outros réus fazem acordo com a promotoria.
- 20 de agosto: O advogado de Michael Vick diz que ele reconhecerá a culpa no processo.
- 28 de agosto: Michael Vick se declara culpado diante de um juiz federal e, logo depois, pede desculpas "por todas as coisas que fiz e que permiti que acontecessem". Ele adiciona: "Através de toda essa situação, encontrei Jesus", e promete redimir-se. "Tenho de fazê-lo".[1]

Profissionalmente, isso foi um desastre total para Vick. Pessoalmente, parece o início de uma cirurgia dolorosa mas corretiva em seu caráter e, espera-se, a remoção bem-sucedida daquela coisa que sabotou seu sucesso. Como disse o próprio Vick ao sair da coletiva de imprensa: "Tenho muito tempo ocioso para pensar em minhas ações". Como um instantâneo Polaroid que começa manchado e disforme, um retrato começou a tomar forma, destacando uma faceta fundamental de Michael Vick que o público não tinha permissão de ver. Pela primeira vez, o público viu um retrato de seu caráter, o *verdadeiro homem* por trás das fantásticas habilidades atléticas. E, quando os detalhes ocultos se juntaram, as mentiras foram recolhidas e os contornos foram traçados novamente. O quadro verdadeiro revelou que a afluência e a influência de Vick *estavam à frente* da habilidade que seu caráter tinha de gerenciá-las. Não foi tanto o fato de ele ter feito uma coisa ruim (estamos todos a um passo de sermos estúpidos). Foi sua ignorância em relação a essa única parte de si mesmo que se tornou seu pior inimigo — a parte que tolerou as trevas. Uma coisa — o orgulho — deu acesso às trevas.

Seja qual for sua opinião sobre Michael Vick, não faça uma coisa: não tripudie.

Sem cantos escuros

Todos nós temos uma tarefa a completar antes de nos lançar na luta contra o mal: discernir as trevas em nosso próprio coração. Jesus disse:

> "Portanto, tome cuidado para que a luz dentro de você não fique cheia de trevas. Se todo o seu corpo estiver repleto de luz, sem que partes dele estejam em trevas, então tudo estará iluminado, como se uma lamparina estivesse sobre você."
>
> Lucas 11.35-36, NBV

Esse tiro de advertência é dado diretamente pelo próprio Jesus para *os cristãos*! Ele sabia que aquela coisa seria crítica para seus seguidores: a estranha dinâmica sobre como a fé é sequestrada pelo mal. É uma ideia aterrorizante perceber que Jesus nos diz que teremos de nos avaliar ativamente para evitar que nos tornemos um peão involuntário do mal. Mas se é verdade que os cristãos podem estar fazendo a obra de Deus, brilhando a luz dele, *e simultaneamente* fornecendo um abrigo seguro para as trevas, então precisamos fazer um exame do coração.

Para entender as totais implicações das palavras de Jesus aqui, precisamos primeiro perceber que ele sabe tudo sobre o domínio de existência de Satanás. Jesus estava presente quando Satanás e os anjos se rebelaram e foram mandados para as trevas:

> E lembro a vocês aqueles anjos que não ficaram dentro dos limites da autoridade concedida a eles, mas que abandonaram sua própria morada; Deus os conserva acorrentados em prisões de escuridão, aguardando o juízo do grande dia.
>
> Judas 6, NBV

Satanás foi forçado a viver nas trevas, longe da presença do Deus da luz. Segundo, essas trevas não são físicas, mas morais. Terceiro, Satanás tem liberdade de traficar seus esquemas e espalhar destruição *em qualquer lugar* onde as trevas morais sejam toleradas. Ele pode procurar, invadir e se dar bem tanto em lugares pequenos que abriguem trevas na mente de uma pessoa como em espaços grandes e óbvios. O denominador comum são as trevas morais ali. Uma atitude, uma ação, um modo de pensar ou uma maneira de viver são todos lugares possíveis de trevas morais *e*, por definição de sua sentença, um lugar onde Satanás é livre para traficar, transportar e transacionar o mal. Infelizmente, os cristãos, na maioria, compartimentalizam essa verdade e creem que essas trevas sejam um lugar *distante* deles, em algum outro tipo de reino.

Não. Ele está destinado a estar em todo lugar onde habitam as trevas.

A advertência de Jesus a seus homens não apenas demonstra sua compreensão de como o mal e as trevas podem invadir a bondade e a luz de qualquer cristão, como também deve ter levado os discípulos a fazer uma pausa e refletir sobre as implicações pessoais. É uma admoestação ao homem de Deus para dar um passo para trás, olhar de forma bem objetiva para si mesmo e fazer as perguntas difíceis sobre os motivos por trás da *razão* de estar fazendo o que faz por Cristo. Mais especificamente: isso tem a ver *comigo* ou *com ele*?

É um sinal de alerta para aqueles impetuosos entre nós (eu, por exemplo) que subconscientemente colocam seus planos pessoais à frente dos planos de Deus e os põem em prática como se fossem de Deus, bem no estilo de Pedro. Jesus colocou todos os discípulos em alerta vermelho contra os cantos escuros do pecado, do orgulho, do medo e de outras disfunções de caráter não examinadas ou ignoradas que poderiam torná-los vulneráveis aos ataques no meio de seu ministério. Qualquer grupo de líderes cristãos poderia testemunhar sobre essa dinâmica de autodestruição. Todos nós somos inclinados a ficar presos e amarrados a algo *dentro de nós* que poderia facilmente minar nossas melhores intenções.

Quantos líderes cristãos caídos eram aparentemente intocáveis no topo daqueles pedestais e ninguém jamais somou dois mais dois? As pessoas esqueceram que eles eram simples homens, e Deus permitiu que esses pseudomessias fossem privados de seu orgulho e presunção. Eles permitiram que as trevas coexistissem com sua fé enquanto representavam Cristo — trevas que ou eles não entendiam ou que estavam convencidos de que poderiam destruí-las — de modo que Deus permitiu que o inimigo penetrasse na vida deles tal como fizera com seus próprios discípulos. Para muitos desses líderes, isso significou afastamento público e perda de influência e remuneração, de posição de liderança, de reputação, de casamento e de ministérios inteiros.

Holofotes aparentemente radiantes e brilhantes foram apagados e forçados a perceber que Deus não aceita a racionalização orgulhosa do pecado. *Aquela coisa* lá dentro, que acomodou as trevas, deixou Satanás solto na vida deles. Essa crença comum, essa percepção distorcida da realidade, é um perigo para qualquer homem de Deus, persuadindo-o consciente ou inconscientemente a se tornar uma lei para si mesmo e permitindo que uma atitude ou uma ação sombria permanecesse em sua vida.

De maneira bem literal, é um pacto com o Diabo.

Lutando
Ao dar abrigo a pecados, você se torna um mensageiro das trevas, e Deus não confiará a luta ou a obra do reino a um homem assim. Em vez disso, você é que será retrabalhado.

Esse homem se permitirá ser *peneirado* pelo próprio Satanás ou por uma provação ou circunstância — seja lá o que for preciso para tirar o pé de apoio do orgulho e da autossuficiência de dentro dele. Chamou sua atenção? Lembre-se: Satanás tem permissão para estar em qualquer lugar onde as trevas forem bem-vindas. E o orgulho é como aquelas faixas puxadas por aviões com um convite para sua festa.

Entenda uma coisa. *Realmente* entenda uma coisa. Deixe que ela penetre em sua cabeça. Mude a maneira como você olha para si mesmo e como Satanás trabalha contra você pessoalmente. Enquanto não fizer isso, estará perdendo a peça de informação tática mais importante que você pode ter: *a informação sobre você mesmo!*

O pastor Francis Frangipane entende a confusão com a qual a maioria dos cristãos se depara em relação à presença de Satanás, mas ele não nos protege da verdade nua e crua sobre a liberdade que Satanás tem de se estabelecer em qualquer lugar escuro:

> Muitos cristãos discutem se o Diabo está na terra ou no inferno; ele pode habitar em cristãos ou apenas no mundo? O fato é que o Diabo está nas trevas. Onde houver trevas espirituais, ali estará o Diabo.

E agora você já sabe disso.

As trevas interiores

Sem querer, sem saber ou sem perceber, o homem de Deus pode estar em parceria com o Diabo.

Por essa razão, não podemos ir direto para os tópicos da batalha espiritual nem treinar para ela sem primeiro lidar com o cara que vemos no espelho. Não importa quão próximo de Deus você tenha andado no passado, quão ardorosamente esteja caminhando com Jesus no presente, quantas viagens missionárias fez ou quantos sermões já pregou. A cada semana no Every Man Ministries ouvimos pedidos ou somos solicitados a ajudar outro homem de Deus que beijou a lona porque Satanás está traficando algumas de suas melhores coisas entre e através de alguns de *nossos melhores homens*! Sim. Vai entender. Portanto, quando olhar no espelho, não diga "Não, eu não". Dê uma olhada melhor e considere que até mesmo Pedro, a Rocha, estava cego em relação às trevas dentro de si. Compare seu currículo espiritual com o dele:

- Caminhou junto com o Filho de Deus por três anos.
- Realizou curas milagrosas.
- Expulsou demônios.
- Foi o primeiro a entrar na água quando Jesus veio andando até os discípulos que estavam no barco.
- Foi o primeiro discípulo a reconhecer Jesus como o Messias.

- Deu o primeiro golpe (na verdade, um ataque com uma espada) nos soldados romanos quando vieram buscar Jesus (essa é minha favorita).
- Ouviu do próprio Jesus que a igreja seria edificada sobre *seus* ombros.
- Ouviu do próprio Jesus que ele usaria uma coroa no céu e reinaria com o Senhor por toda a eternidade.

Ainda assim, Jesus permitiu *intencionalmente* que Pedro fosse peneirado e purificado das trevas (orgulho) das quais não estava ciente antes de o Senhor permitir que ele assumisse seu lugar entre os homens de Deus que gerenciaram as responsabilidades do reino no livro de Atos.

Por quê? Porque espreitando logo abaixo da superfície do comprometimento admirável que Pedro tinha com Cristo estava *aquela coisa*. Esse homem de Deus, como muitos de nós, tinha uma personalidade competitiva e afeita a riscos instalada em seu disco rígido. Para Jesus, porém, a expressão exterior sempre foi secundária em relação à pureza interior. *Aquela coisa* — aquele aspecto de Pedro que se colocaria no caminho de toda aquela paixão, compromisso e energia — estava vazando e era visível. Em Lucas 22 nós a vemos sair, e Jesus aborda a questão e trata dela de uma maneira estranha e sinistra. Todos os homens de Deus que vão lutar contra o mal precisam parar e refletir sobre como nosso Comandante se sente quanto ao caráter preceder a influência.

Todos os homens de Deus que vão lutar contra o mal precisam parar e refletir sobre como nosso Comandante se sente quanto ao caráter preceder a influência.

Eles começaram a argumentar entre si quem seria o maior no futuro reino. Jesus lhes disse:

"Neste mundo, os reis e os homens poderosos mandam os seus escravos para todos os lados e são chamados benfeitores! Mas entre vocês não deve ser assim. Ao contrário, o maior entre vocês deve ser como o menos importante; e o que manda deve ser como o que é mandado. Pois quem é o maior, o que se acomoda à mesa e é servido ou o que serve? Claro que é o que está sentado à mesa. Mas entre vocês eu estou como quem serve. Contudo, por vocês terem continuado fiéis a mim durante as minhas provações, e como meu Pai me deu um Reino, eu dou a vocês o direito de participar do Reino e de comer e beber à minha mesa naquele Reino e de sentar-se em tronos para julgar as doze tribos de Israel.

"Simão, Simão, Satanás pediu você para peneirá-los como trigo quando se separa a palha. Porém eu, em oração, supliquei por você, para que não lhe falte fé. Portanto, quando você tiver se arrependido e voltado a mim, fortaleça a fé dos seus irmãos."

Mas Simão disse: "Senhor, eu estou pronto a ir para a prisão, e até a morrer com o Senhor".

Lucas 22.25-33, NBV

Orar por mim contra Satanás? Quando eu me arrepender e voltar para ele? O estômago de Pedro deve ter se contorcido de verdade, seus pensamentos devem ter disparado a correr, suas defesas e inseguranças devem ter disparado para Alerta Vermelho. Essa é a definição de um momento estranho. "Opa, desculpe, Jesus. Estava apenas fazendo valer meus direitos." Nesse ponto, Pedro era o discípulo mais importante da equipe. Havia acabado de receber o papel de estrela na eternidade. Exatamente quando estavam compartilhando esse momento íntimo, CHUÁ, Jesus joga água fria no "*Rock-star*". Hoje sabemos quem será o maior em função de quem Satanás está pedindo para peneirar. Mas a ideia que Pedro tinha de si mesmo é demolida momentaneamente, e sua alegria é interrompida. "Satanás pediu permissão para *me* peneirar e o

Senhor disse *sim*? Por que eu? E quanto ao nosso histórico? E toda aquela conversa de Bom Pastor que protege suas ovelhas? O que está acontecendo?".

Alguns longos segundos se passaram. O cérebro de Pedro está triturando os dados. Então, vem a resposta: "Tudo bem. Manda ver. Vou provar que sou tudo isso". Previsivelmente orgulhoso, ambicioso e autossuficiente, Pedro não se contém. Quer pela estranheza do momento, quer pela falsa ideia de si mesmo, quer pela ignorância em relação à seriedade do processo de peneira, *aquela coisa* termina vazando. É como se ele estivesse usando uma camiseta com a frase PENEIRE-ME escrita em letras garrafais e brilhantes, mas não soubesse disso.

Jesus diz que "Satanás pediu vocês para *peneirá-los*". Ele precisava de mais do que uma pessoa impulsiva e propensa a correr riscos, alguém que fosse capaz de comer uma barata inteira diante de um pedido seu. Satanás queria atirar no homem interior de Pedro e uma oportunidade de desafiar seu verdadeiro eu debaixo de pressões que ele ainda não havia enfrentado *sozinho* como homem de Deus. Enquanto Satanás queria dar um tiro em Pedro, Jesus estava planejando uma cirurgia.

Peneiramento antes do serviço

Mencione peneiramento para um judeu do século 1 e ele imediatamente formará a imagem, do mesmo modo como pensamos em *download* em nossa era de tecnologia digital. Jesus transforma o termo *peneiramento* num processo espiritual que Pedro está prestes a experimentar nas mãos de Satanás.

Pedro faz uma busca do termo *peneirar* no Google de sua mente e logo surge uma imagem em sua tela mental:

- Uma grande armação de madeira formando um quadro.
- Uma tela no fundo da armação.

- Um homem jogando a armação rapidamente para cima.
- Sujeira e moinha caindo no chão.
- Grãos puros de trigo ficando em cima.

O que é ruim e inútil cai e o que é bom permanece. "Mas por que eu?", pensa ele. O problema é que ele não fazia a menor ideia do que estava por vir. Não tinha ideia de quão violento Deus permitiria que fosse o peneiramento para que *aquela coisa* caísse no chão. Ele seria usado por Deus de todas as maneiras que Jesus prometeu, mas somente *depois* do peneiramento, *depois* da purificação de seu caráter. Jesus sabia que Pedro seria um alvo fácil de Satanás se certas impurezas presentes nele não fossem removidas primeiro, de modo que precisou quebrantá-lo antes de poder abençoá-lo em seu serviço para Deus. O orgulho precisava sair.

Veja como tudo aconteceu para Pedro:

- O mais ousado defensor de Cristo o nega três vezes, curva-se à pressão de uma menina e pragueja enquanto nega sua ligação com Jesus.
- Pedro é convencido por Satanás de que é indigno das promessas que Jesus lhe fizera.
- Embora veja o Cristo ressurreto, ele se *exime* do papel de líder e volta a pescar.
- Jesus vem a seu encontro, revela-se a Pedro mais uma vez e Pedro pula fora do barco para nadar até a praia.
- Jesus lhe prepara um café da manhã e lhe faz algumas perguntas planejadas para ajudar Pedro a se lembrar de que sua conexão com Jesus é inquebrantável. A insegurança de Pedro cai no chão, e somente sua verdadeira lealdade e amor por Cristo permanecem.

Finalmente, Jesus faz a peneira parar de chacoalhar. Pedro deve ter se sentido mais ou menos como Edmundo na obra de C. S. Lewis *O leão, a feiticeira e o guarda-roupa*, depois de ter traído seus irmãos e irmãs: como um derrotado que recebe uma segunda chance e é transformado num príncipe.

Peneiramento é sinônimo de eliminação. O que Pedro não conseguiu reconhecer *em si mesmo*, Deus eliminou. Ele permitiu que Pedro fosse escolhido e exposto a julgamento e provação que *separariam* e *eliminariam* seu ego do serviço a Cristo, desconstruiriam o velho Pedro e ergueriam um novo homem com um novo *caráter*. Não existe mais um lugar onde as trevas possam habitar em sua vida. Ele foi substituído pela luz do caráter do próprio Cristo — uma força impenetrável.

Peneiramento é sinônimo de eliminação.

Ataque cirúrgico

Então, o que está acontecendo dentro de você? *Isso* é mais crítico para a vitória na luta maior do que quaisquer palavras que você esteja dizendo. Olhe para Pedro e, então, para você mesmo. Se você quiser se tornar um alvo fácil para Satanás, simplesmente negue, dê desculpas ou racionalize isso. Mas, se você quer desempenhar um papel importante na batalha, considere os pontos de apoio obscuros do pecado, do orgulho ou do medo dos quais você tem dificuldades para se livrar:

- Um espírito arrogante e centrado em si mesmo.
- Uma tendência materialista crescente.
- Preocupação exagerada com títulos, *status* e posição.
- Vício em aprovação.
- Um pecado sexual secreto.
- Reação exagerada à crítica.
- Confiança emocional em sucessos do passado.
- Mente fechada ou espírito não disposto a aprender.

- Falta de vontade de prestar contas a outra pessoas.
- Desprezo por disciplinas espirituais fundamentais.
- Distanciamento do cônjuge.
- Comportamentos que o isolam de outros cristãos.
- Ressentimento ou falta de perdão.
- Espírito de crítica.
- Descontentamento, ciúme ou inveja.
- Postura defensiva.
- Falta de respeito pelas pessoas.
- Uma postura de defesa de direitos próprios e falta de humildade.
- Permissão de existência de comportamentos questionáveis.

Todos esses são exemplos *daquela coisa* com um denominador comum: perigosas trevas de caráter. Tudo isso está ligado à sua moralidade, que é arrastada para baixo quando você é amigo das trevas. Mas tome cuidado. Se você assumiu um compromisso com Cristo, Satanás terá permissão de vir contra você numa área de fraqueza até que você perceba que Deus deseja que as áreas obscuras de seu caráter sejam eliminadas. Ele quer que você seja proativo em sua batalha contra o orgulho — que feche a porta para todas as atitudes sombrias. O Diabo se afasta no momento em que o homem de Deus *assimila o caráter de Cristo* numa área de trevas. Somente então Satanás saberá que *você sabe* que todas as circunstâncias, provações e peneiramentos funcionam somente para aperfeiçoá-lo e completá-lo como homem de Deus.

Uma fé lutadora é produzida em tempos de peneiramento, pura e inatacável. Se você responder decisivamente, Satanás será forçado a abandonar sua sabotagem à medida que a própria natureza de Cristo dentro de você for bem-sucedida em isolar aqueles aspectos sombrios de sua constituição interior.

Deus tem uma imensa alegria quando um cristão coopera regularmente com ele na derrubada do pecado, do orgulho e da presunção e, assim, mantém as trevas em fuga. Não é algo que vai desaparecer sozinho nem de uma vez por todas. Isso exige disciplina interior e controle diligente. Para negar às trevas sua habilidade de traficar através de você, é preciso se dispor a *continuamente* explorar os espaços escuros de seu próprio coração, enxergá-los com clareza e tomar a decisão de tratá-los de maneira drástica (veja como dar passos ousados nessa direção em Mc 9.43-50).

Qual é o resultado? Depois disso, Deus poderá confiar a você maiores responsabilidades em seu reino. Nos palcos do reino onde ocorrem as batalhas espirituais, os homens que são enviados às linhas de batalha *lá fora* já lidaram com a célula terrorista *aqui dentro* (toque seu peito por mim).

Vá atrás *daquela coisa*.

Agora é o momento perfeito para pedir a Deus que lhe mostre o que precisa ser eliminado, para que você possa ser bem-sucedido na luta pelo poder e sabedoria. Todos nós somos obras em andamento, e todos nós temos pontos cegos. Pergunte à sua esposa ou a um bom amigo (observadores de Deus) se eles veem em você qualquer tendência presente naquela lista. E lembre-se de que tudo o que Deus tem são guerreiros feridos, de modo que não há razão para que você seja diferente. Você pode fazer parte dessa luta, contanto que esteja limpo por dentro (medite em 2Tm 2.20-22 para saber mais a esse respeito). E, se estiver sendo peneirado neste momento, lembre-se de que o peneiramento é que gera sua utilidade para essa luta!

Sem cantos escuros nos quais trabalhar, o nosso inimigo não tem chance.[2]

PARTE 2

Discernindo o mal

5

Visão noturna

Se nos encontrássemos com o Diabo cientes daquilo que ele é, talvez o vencêssemos muito mais facilmente; mas precisamos lidar com ele disfarçado de anjo de luz, e aqui está a necessidade de termos uma centena de olhos, cada um deles aberto por Deus, para que possamos enxergar.
CHARLES HADDON SPURGEON

Você está prestes a cruzar uma linha.

Alguém já lhe disse: "Não quero assustar você, mas..."? Então, na sequência, a pessoa sempre lhe diz algo que desencadeia uma reação do tipo bater ou correr.

Bem, não quero assustar você, mas... chegamos a esse ponto.

Esta seção de *Lute* o levará além do reconhecimento do mal, na direção de um conhecimento mais profundo e mais íntimo do Maligno — seu caráter, seus disfarces, seus auxiliares, suas táticas e seus temores. Os eventos de minha vida anteriores à escrita desta seção deixaram claro para mim que o inimigo quer, mais do que qualquer outra coisa, destruir o homem de Deus e impedir que você receba os óculos de visão noturna descritos nos capítulos a seguir. Ele fez romper sobre mim uma barragem de distração, interrupção e perturbação mental diferente de qualquer outra coisa que já havia experimentado como servo de Cristo. Por que, então, não deveríamos esperar que ele igualmente se concentrasse em você enquanto lê estas informações táticas sobre ele? Espero que você esteja pronto para se envolver numa luta contra o mal, porque ele está se metendo em seu caminho agora. Não há razão para ele não atacar sua mente e sua vida de maneiras semelhantes àquilo que fez comigo.

As reações dele me fizeram perceber ainda mais quão importante é o interesse que ele tem em você e quão intensa é a realidade da luta em curso. Os dentes estão à mostra. A cavalaria foi chamada. As balas estão voando. Sacrifícios precisam ser feitos. A resolução de ambos os lados se endureceu. O inimigo sabe que as ideias apresentadas a seguir vão revelá-lo como ele realmente é e que, depois que conectarmos as peças, *o jogo vai mudar para ele.*

Os dentes estão à mostra. A cavalaria foi chamada. As balas estão voando. Sacrifícios precisam ser feitos.

Meu amigo Paul, piloto de F-18 aposentado da Marinha norte-americana, diz: "O inimigo pode ouvir você chegando, mas não pode vê-lo. Assim, ele vai lançar uma barreira de balas chamada de 'fogo de barragem' na esperança de que você caia nela. Quanto mais perto você chegar do alvo, mais resistência haverá. Ao experimentar a resistência, ela deve gerar maior vigilância". A resistência que experimentei ao chegar a este ponto foi radicalmente amplificada, de modo que estou fazendo três coisas. Primeiro, estou endurecendo minha resolução e aumentando minha vigilância. Segundo, estou comprometido a forçar a luta. Terceiro, estou advertindo você do que vai acontecer.

Espere por uma barreira de balas.

O maior desequilíbrio de todos

O general Barry McCaffrey, então comandante da 24ª divisão de infantaria, identificou como a Operação Tempestade no Deserto inclinou-se de maneira drasticamente favorável na direção dos americanos e de seus aliados, quando observou: "Nossa capacidade de visão noturna forneceu o maior desequilíbrio de todos os tempos numa guerra".

O exemplo característico foi o de Joe McMaster e sua equipe de Força de Reação Rápida (FRR), que "dominou a noite". Seu acampamento foi bombardeado de um ponto "fora do alcance", além do perímetro da base. Quando isso aconteceu, a equipe de FRR de McMaster foi mobilizada e enviada para localizar e destruir o inimigo. "Estávamos a cem metros de distância, e eles não faziam ideia de que estávamos ali. Em contrapartida, podíamos ver o inimigo, claro como o dia." De acordo com o dr. Robert Wiseman, ex-chefe do Comando de Visão Noturna, quando a visão noturna foi usada pela primeira vez no Vietnã, soldados agradecidos disseram à chefia: "Vocês não sabem quantas vidas salvaram".

Existem verdades espirituais correspondentes para quando enfrentarmos resistência e fogo hostil:

- A capacidade de enxergar o inimigo e manobrar na escuridão fornece uma *enorme* vantagem tática.
- A capacidade de responder com eficiência e produtividade *quando atacado* fornece confiança.
- A capacidade de resgatar, defender e salvar vidas fornece incentivo para usar ainda mais a visão noturna.

A visão noturna é para a guerra moderna o que o *discernimento* é para sua efetividade contra o mal. Nesta seção, quero fornecer-lhe o conhecimento íntimo que Satanás teme ver publicado e integrado à sua vida. Sei que ele odeia o que estamos prestes a tratar porque ele dedica muito tempo e energia espalhando desinformação sobre seu *modus operandi*. Mas, quando ele deixa de ser apenas um ponto na tela do seu radar e se torna uma ameaça prioritária altamente reconhecível, isso o frustra e irrita ao extremo.

Pior ainda, quando nos concentramos em aplicar as informações de inteligência, será difícil até imaginar como ele vai reagir em meio à raiva.

Tomando emprestados os comentários feitos por soldados que usaram a visão noturna em combate, pergunte a si mesmo:

- Quão valiosa é a capacidade de ver um inimigo invisível ao se retirar o manto das trevas?
- Quão valiosa é a capacidade de reagir, localizar e neutralizar rapidamente as ameaças?
- Quão desconcertante você acredita que é para uma organização terrorista quando todas as suas identidades falsas, refúgios seguros, negócios de fachada, esconderijos de armas, células terroristas e seu derradeiro manual secreto de estratégias são interceptados e disseminados?
- Quão útil seria conhecer a psicologia do líder inimigo, sua motivação e as táticas resultantes?

Para nosso inimigo, permanecer incógnito é a mais elevada prioridade, mas vamos expor seu disfarce em todos os níveis possíveis. Ah, sim, você pode crer que ele está muito irritado em relação a esse seu desejo, e vai fazer de tudo para que sua busca o leve a um lugar: um beco sem saída. É por isso que, para usar a capacidade divina de visão noturna e direcioná-la para Satanás, você precisará de mais do que paixão e um plano de ação contra o orgulho. Você precisará da informação tática muito atual e prática que esta seção vai lhe fornecer. Quando agir com base nessa informação, sua ofensiva será rocha sólida, impossível de ser abalada. E isso deverá fornecer a suprema confiança de que seus esforços serão recompensados com vitórias.

Nessa luta, é a informação tática que se mostrará fatal para nosso oponente.

> Pois o SENHOR é quem dá sabedoria; de sua boca procedem o conhecimento e o discernimento. Ele reserva a sensatez para o justo; como um escudo protege quem anda com integridade, pois guarda a vereda do justo e protege o caminho de seus fiéis. Então você entenderá o que é justo, direito e certo, e aprenderá os caminhos do bem. Pois a sabedoria entrará em seu coração, e o conhecimento será agradável à sua alma. O bom senso o guardará, e *o discernimento o protegerá. A sabedoria o livrará do caminho dos maus, dos homens de palavras perversas.*
>
> Provérbios 2.6-12

A visão noturna de Deus fornecerá

- Proteção: "Ele reserva a sensatez para o justo; [e é] como um *escudo*".
- Preservação: "[Ele] guarda a vereda do justo".
- Intuição: "Então você entenderá o que é justo, direito e certo".
- Admoestação: "O discernimento o protegerá".
- Libertação: "A sabedoria o livrará do caminho dos maus".

Deus o suprirá de tecnologia espiritual provada e comprovada para que você possa ver e responder ao mal com eficiência. E ele está pronto para fazê-lo.

E você?

Integridade adiciona clareza

Deus não desperdiça sua sabedoria. Ele a programou para ser ativada apenas dentro de um homem que esteja comprometido a ter o caráter de Cristo. É por isso que meu livro *Sonhe* precedeu *Lute*, para lançar a fundação essencial do caráter de Cristo a fim de que a informação tática seja ativada.

Perceba que Deus não dá a qualquer um a sabedoria para a batalha. Ele procura pela diferença entre compreensão intelectual e aplicação prática. Conheço muitos rapazes, pastores e teólogos de tempo integral que têm sido expostos à sabedoria que Deus provê, mas que ainda estão sendo abatidos pelo inimigo. A Bíblia diz que, quanto menos dividido espiritualmente você for, melhores são suas informações táticas. Quanto mais integridade, mais clareza. Não perca de vista a expressão de como a comunidade de inteligência de Deus funciona em tempo real: "Ele reserva a sensatez para o justo [...] como um escudo protege quem anda com integridade [...] protege o caminho de seus fiéis". A sabedoria que a Bíblia fornece está à disposição de todo cristão, mas as Escrituras são rápidas em destacar que *ter informação* e *agir de acordo com ela* são duas coisas diferentes. A diferença vem da integração e depende totalmente do caráter do soldado. É isso o que Deus procura.

Meu amigo Paul, o "homem do F-18", colocou isso na devida perspectiva quando me contou sobre o funcionamento da visão noturna. "Os óculos de visão noturna pegam a luz ambiente das estrelas e da lua e a amplificam. Se não houver luz, não há visão." Qual é a implicação espiritual? Se a luz de Cristo não estiver presente em sua vida, você não verá o inimigo, nem o chão, quando for atingido. A visão noturna espiritual exige luz disponível *em você* antes que possa amplificá-la para ajudar a vencer uma luta. A luz ambiente do seu caráter espiritual vem de se extrair a escuridão das fortalezas interiores e permitir que a Palavra de Deus ilumine sua mente. E, enquanto você segue em frente, é crucial que a preparação e o inventário espirituais sejam realizados a fim de medir sua "taxa de amplificação". Para ter visão da batalha, você precisa ser um homem de luz.

> Se afirmarmos que temos comunhão com ele, mas *andamos nas trevas*, mentimos e não praticamos a verdade. Se, porém,

> andarmos na luz, como ele está na luz, temos comunhão uns com os outros, e o sangue de Jesus, seu Filho, nos purifica de todo pecado. Se afirmarmos que estamos sem pecado, enganamos a nós mesmos, e a verdade não está em nós.
>
> 1João 1.6-8

Portanto, esteja alerta: a vantagem que a visão noturna de Deus concede para a luta é tão forte quanto a luz que seu caráter mantém. Se em público você faz bonito, mas em particular compartimentaliza e pratica o pecado, pode pôr tudo a perder. Coloque o livro de lado e volte para a casa 1. Confesse e se arrependa das trevas (atitudes ou ações) e comece e reconstruir a luz.

A mensagem de Deus é bastante clara: como um homem pode discernir as trevas quando está trocando apertos de mão com o mal de uma maneira ou de outra? Há algo errado com essa imagem. Você sabe disso, mas, ainda mais importante, é que Deus sabe e não se deixa enganar por isso. Seria o equivalente a dar uma arma a alguém condenado por roubo à mão armada e dizer-lhe que faça bom uso. Certifique-se, portanto, de fazer um inventário espiritual de quaisquer bloqueios pecaminosos produzidos pelo orgulho em sua vida.

> A vantagem que a visão noturna de Deus concede para a luta é tão forte quanto a luz que seu caráter mantém.

Dê uma olhada bem de perto. De fato, por meio deste, convoco todos os homens a retornarem e olharem para dentro de si mesmos em busca de qualquer oposição a esta mensagem, e a usar *Arrisque* e *Sonhe* para se prepararem para a luta. Sei que poucos leitores farão isso de verdade, mas, para olhar atentamente para seu relacionamento com a Palavra de Deus, sua autoridade em sua vida e como você a está aplicando em seu relacionamento com as pessoas, você precisa das ideias presentes nos dois primeiros livros da série "Homem de Deus", *Arrisque* e *Sonhe*. Que isso lhe sirva de advertência.

A batalha por pensamentos e caráter piedosos cria a luz ambiente espiritual. E "luz" significa "visão noturna utilizável". A sabedoria que cria o desequilíbrio contra as trevas começa com nossa dedicação pessoal de entrar em guerra contra o pecado que drena a luz, uma disposição de deixar que Deus ilumine esse pecado e o acompanhamento para fazer o que for necessário para eliminá-lo.

Você pode verificar sua luz ambiente espiritual:

- Pedindo a Deus que lhe mostre quaisquer trevas em sua vida (cf. Sl 139.23-24) e se dispondo a lidar de maneira proativa com o que ele lhe mostrar.
- Perguntando a si mesmo se existe alguma área em sua vida que você sabe que está fornecendo abrigo seguro para as trevas.
- Perguntando a sua esposa ou a um amigo próximo se eles veem algo que produza uma desconexão entre suas ações, seu caráter e sua fé.

Até mesmo com a melhor iluminação e informação tática, ainda há alguns perigos e incertezas que entram em ação ao nos aproximarmos dos "alvos de conhecimento" de nossa luta — um ponto que meu amigo do F-18 não perdia. Existem outros desafios para operações nas trevas, até mesmo com a visão noturna, que devemos considerar antes de nos lançarmos em nossas instruções táticas.

Meu amigo Paul se lembra nitidamente de sua primeira noite caminhando em direção ao F-18 estacionado na pista para seu voo inaugural com os óculos de visão noturna NVG (*night vision goggles*): "Lembro-me de pensar em como estava escuro e, enquanto a maioria dos americanos estava indo para a cama, eu estava prestes a ingressar numa viagem rumo a um alvo no deserto, viajando a 150 metros acima do solo a quase 800 quilômetros por hora". Passava por sua mente a questão de ter visão limitada — nenhuma visão periférica ou noção de profundidade, com um ângulo de visão não maior que 30º. Ele fora treinado para aquilo, mas ainda assim era assustador. Para aproveitar a tecnologia, Paul teria que manter a cabeça se movendo de um lado para o outro ("em uma rotação") para ter uma imagem da ameaça. Também precisava prestar atenção nas sombras, na areia acumulada e na nebulosidade, que poderiam pregar peças no NVG ao esconder terreno na frente do avião. (A tecnologia de visão noturna pode fazer com que o terreno se pareça com um vale ou um buraco, e os pilotos podem ser tentados a voar através deles, indo direto para o chão.) Finalmente, a visão noturna nunca é completa sem a mais importante ferramenta das operações noturnas: um homem de retaguarda. "Durante as operações noturnas", apressa-se Paul a destacar, "é fundamental ter um homem de retaguarda para verificar suas 'seis horas' [a posição exatamente atrás da aeronave] e processar as ameaças à medida que você se aproxima de um alvo, como mísseis terra-ar, fogo de solo e o próprio chão".

Como homem de Deus que recebeu visão noturna, você precisa desequilibrar essa luta, mas precisa aprender a treinar com ela e combiná-la com outras disciplinas para ser bem-sucedido. Vemos essa admoestação para combinar caráter piedoso com informação piedosa quando as Escrituras falam sobre os cristãos do século 1 que eram atormentados pela perseguição romana. Veja como a ferramenta e a integração de seu uso estão ligadas:

> Seu divino poder *nos deu tudo de que necessitamos* para a vida e para a piedade, *por meio do pleno conhecimento* daquele que nos chamou para a sua própria glória e virtude. Dessa maneira, *ele nos deu as suas grandiosas e preciosas promessas*, para que por elas

vocês se tornassem participantes da natureza divina e *fugissem da corrupção que há no mundo, causada pela cobiça.*

Por isso mesmo, *empenhem-se para acrescentar à sua fé* a virtude; à virtude o conhecimento; ao conhecimento o domínio próprio; ao domínio próprio a perseverança; à perseverança a piedade; à piedade a fraternidade; e à fraternidade o amor. Porque, se essas qualidades existirem e estiverem crescendo em sua vida, *elas impedirão que vocês, no pleno conhecimento de nosso Senhor Jesus Cristo, sejam inoperantes e improdutivos.*

2Pedro 1.3-8

A mensagem é clara e muito sensata para nossos propósitos: você pode ser homem de Deus, ter recebido autoridade para derrotar o mal, poder e conhecimento e, ainda assim, ser inoperante e improdutivo por causa de questões de caráter. Devemos combinar a Palavra de Deus com disciplinas interiores para sermos eficientes contra o mal.

Mas talvez a maior consequência para os homens na ação de ativamente derrotar o mal seja a "fraternidade" — a conexão com outros homens. Um homem de retaguarda precisa estar presente. Seja na cabine de um F-18, seja na vida do homem de Deus, o homem de retaguarda é seu salva-vidas, observando suas seis horas e colocando olhos em seus pontos cegos para ajudá-lo a processar ameaças que você nem mesmo pode ver. Como o texto das Escrituras acima nos lembra, até mesmo com conhecimento iluminador de Satanás, você pode cair se não utilizar as outras ferramentas. Deus diz que você precisa de um homem de retaguarda para vencer: "Um homem sozinho pode ser vencido, mas dois conseguem defender-se" (Ec 4.12). Essa questão — a necessidade de ter amizades masculinas autênticas e de andar de braços dados como irmãos — é muito importante e, embora não a aborde aqui (você encontra material sobre isso em *Arrisque*), digo que já aconselhei muitos líderes que não tiveram um homem de retaguarda experiente verificando suas seis horas.

Regra número 1: nunca vá sozinho para a batalha. Aqueles que agem assim pagam caro por isso. E, ainda pior, muitos nunca se recuperam. Se você não encontrou um irmão com quem ler este livro, procure um e comecem a trabalhar juntos. Realmente não há outro jeito. Dedicação é inútil sem discernimento, discernimento é inútil sem uma disposição piedosa e a disposição piedosa sem um homem de retaguarda iluminando seus pontos cegos é inútil.

Assinatura de calor

Na verdade, existe mais de uma maneira de se enxergar nas trevas.

Algumas tecnologias de visão noturna amplificam o *calor*. Meu amigo Paul chama essa tecnologia de mapeamento do solo de FLIRS, que, em inglês, significa "Forward-Looking Infrared Sensors" [Sensores infravermelhos de visão à frente]. No solo, um soldado pode segurar um sensor térmico do tamanho da palma da mão que detecta um objeto em particular analisando a diferença entre o calor irradiado por um objeto e o ambiente à sua volta. Uma vez que esses visores térmicos não precisam da luz ambiente, eles independem totalmente da necessidade de luz. Essa qualidade dá ao FLIRS a capacidade penetrante que permite ver através de obstáculos como nevoeiro ou fumaça no campo de batalha.

Satanás emite suas formas próprias de radiação espiritual, e ela afeta todas as atividades dele. Em outras palavras, ele *não* consegue deixar de emitir calor! Nosso objetivo é não apenas ter conhecimento de Satanás, mas também intuição e consciência de sua presença em nós e ao nosso redor. Mas, para isso, precisamos nos *familiarizar* com ele. Precisamos saber como sua mente funciona, estudar seu filme e descobrir seu cheiro. Ele tem certos métodos que adora utilizar que brotam de seu caráter e que são não apenas previsíveis, como antecipáveis.

As Escrituras formam imagens para nós através do denso nevoeiro e da nuvem de fumaça de nossas emoções e desinformação. No capítulo seguinte abriremos os arquivos do próprio Satanás. Nossa missão será conhecer esse inimigo por dentro e por fora, entender exatamente por que ele age de determinada forma e por que se importa tanto em avançar sobre nosso território. Analisaremos seus nomes e comportamentos para ter uma boa imagem térmica e combinar a melhor *sabedoria e conhecimento* com nossa *intuição e sentidos*, de modo que possamos ter confiança na luta. Nosso objetivo será garantir que estamos seguindo a orientação de Deus e sua sabedoria, assim como a do general George S. Patton, quando comentou um de seus itens da lista de *não faça* na guerra: "Jamais permita que o inimigo escolha o campo de batalha".

Os próximos capítulos desta seção cobrirão e *descobrirão*:

- As células terroristas de Satanás, seus objetivos e as conexões que elas têm com você.
- Sua moral e seus aliados práticos no mundo.
- Suas quatro principais estratégias e por que elas são eficientes, mas também altamente previsíveis.
- Suas fachadas e disfarces que o mantêm incógnito, mas também altamente destrutivo.
- Seus agentes humanos involuntários que ele usa contra nós
- Seu apaixonado caso de amor com a religião.
- E, finalmente, seus temores — e como ele odeia as coisas que fazemos para arruinar seus planos.

Por ora, o primeiro inimigo a exterminar é a ignorância. E, nos próximos capítulos, vamos substituí-la por discernimento. Portanto, mãos à obra.

6

O incendiário: parte 1

O mal é comparativamente inofensivo, débil e inerte
sem a presença de seu poderoso inspirador.
E. M. Bounds

No livro *Fire Lover* [Amante do fogo], Joseph Wambaugh conduz o leitor pela psique de um homem que a polícia norte-americana chamou de o mais prolífico incendiário do século 20. É um retrato assustador e improvável de um bombeiro que se tornou incendiário, lançando luz sobre seus crimes e seu caráter. Somos informados de seu passado e sua história, os quais dão sentido a seus crimes e aos atos incendiários. A caracterização de John Orr feita por Wambaugh desperta, ao mesmo tempo, um profundo ódio, um profundo medo do fogo, uma profunda compaixão pelas muitas vítimas e uma profunda apreciação pelo persistente trio de investigadores de incêndios que montaram o impecável caso que levou à prisão de Orr e, por fim, à sua condenação.

Assombrados seria a melhor palavra para descrever como os investigadores de incêndios se sentiram depois de experimentar as primeiras ondas da devastadora trama de John Orr em três cidades diferentes da Califórnia. *Delirante* é a palavra que melhor descreve a reação geral à teoria do afiado investigador de incêndios Marvin Casey de que os incêndios eram obra de alguém de dentro. A única coisa que embasava sua teoria era uma impressão digital latente de uma das cenas dos crimes e um MO (*modus operandi*): um bloco de anotações amarelo, uma guimba de cigarro e três fósforos de papel em cima de travesseiros de espuma. Obviamente, a impressão digital foi procurada sem sucesso nos bancos de dados da polícia, uma vez que Orr não era um criminoso. Ele era um bem disfarçado sociopata trabalhando tanto para a polícia como para a investigação de incêndios da cidade de Glendale. A trilha para resolver aqueles incêndios permaneceu fria por anos até que um padrão similar começou a surgir na área de Los Angeles, onde três agentes da ATF (agência governamental responsável pela regulamentação de bebidas alcoólicas, cigarros e armas de fogo) ligaram os pontos e perceberam similaridades com os incêndios na área central da Califórnia. O MO era semelhante. Isso os levou a Bakersfield, onde morava o teórico da corregedoria Marvin Casey. Levaram uma digital, mas não tinham muitas esperanças.

Ampliaram a imagem da digital e a redesenharam para deixar mais nítidas as linhas antes de realizar um novo teste. Quando descobriram uma combinação dentro da polícia de Los Angeles, ficaram incrédulos. A impressão digital batia com a de um candidato rejeitado da Academia de Polícia de Los Angeles chamado John Orr, naquela época o chefe da investigação de incêndios da cidade de Glendale. A amarga ironia foi ainda mais intensificada pelo fato de que todos os investigadores achavam que conheciam John. Não era ele um respeitado instrutor e dedicado membro da irmandade de bombeiros e policiais?

Sim *e* não.

Desejo, desprezo e descontrole

Acredite se quiser, mas John Orr teve o benefício da dúvida quando as notícias sobre a impressão digital começaram a correr nos círculos da polícia e das autoridades dos bombeiros. Até mesmo o chefe de seu batalhão o defendeu no início. Mas, como se estivesse montando um quebra-cabeça que se mostra assustador até que você monte as bordas, os investigadores estavam encontrando as peças de canto quadrado da história de Orr que fizeram com que o enigma tomasse forma.

A maior dessas peças era sua história com o departamento de polícia de Los Angeles ou, talvez mais precisamente, sua *não história*. O velho arquivo que abrigava a impressão digital do polegar direito que terminou ligando Orr aos incêndios era a prova física que revelou todo o caso. Isso, juntamente com outras evidências concretas, respondeu à pergunta "quem". Agora, os investigadores precisavam do "por que". O que havia dentro daquele homem que o levou a ir tão longe? Que necessidade psicológica as chamas satisfaziam que nada mais poderia satisfazer? O que as chamas realmente representavam para Orr? Como o homem se tornou o monstro que deixou de ter consciência? O que o transformou numa pessoa má?

A resposta estava no arquivo.

Depois de ter feito os exames escritos na tentativa de entrar para o departamento de polícia de Los Angeles, John Orr pôde provar o gosto de ver sua fantasia de ter uma carreira na polícia se tornando realidade. Quando foi chamado para a entrevista final, havia aquela expectativa positiva e a confiança que um homem sente quando percebe que vai conseguir. Assim, quando o entrevistador disse a John que sua ficha fora rejeitada com base em seu exame psicológico, o encontro passou do entusiasmo para a desorientação e, daí, para o choque. Com a ficha de John aberta, o entrevistador calmamente explicou que ele nunca se tornaria um oficial da polícia de Los Angeles e então saiu da sala, deixando a ficha de John tentadoramente (e, ao que parece, de propósito) aberta na frente dele. Para um homem que procurava respostas, aquela tentação era irresistível. John leu o arquivo e uma palavra saltou da página: "inadequado".

E ali foi concebido o monstro.

Aquela palavra encerrava em si a explosão de 10 megatons do orgulho de um homem e a destruição de um sonho. Seria a chuva ácida a cair sobre seu desfile todas as vezes que foi promovido e reconhecido pelo departamento de bombeiros de Glendale. Seria a fonte de uma fome insaciável por distinção e reconhecimento em seu campo. Formaria a mentalidade passivo-agressiva que o tornaria imperceptível e letal. Seria a fonte de um ressentimento interno muito profundo para ser previsto ou entendido. Seria o enorme peso em seus ombros que ninguém jamais poderia ver, o demônio que o possuiria e o controlaria até o fim.

Ao reconstruir John Orr, vemos um homem que nunca quis ser bombeiro ou investigador de incêndios. Vemos um homem cujo desejo por poder, posição, controle e respeito estava intimamente ligado a um distintivo e uma arma — duas coisas que ele nunca poderia possuir de maneira legítima. O outrora confuso e convoluto quebra-cabeça de um bom rapaz que se transformou num incendiário em série foi preenchido, e as formas e sombras mostraram um retrato horrível demais para se acreditar.

John Orr não escolheu o mundo habitado pelos bombeiros. Ele foi banido para lá pelo departamento de polícia de Los Angeles. Vemos que o prolífico incendiário no qual Orr se tornou foi criado e energizado por uma dolorosa rejeição que sua mente, seu coração e seu caráter jamais puderam aceitar. E, em vez de saciar sua sede de autoridade e superioridade, o avanço entre os bombeiros apenas aumentou ainda mais aquela necessidade. Agora, sua identidade precisava

> A mais lesiva rejeição tornou-se a fonte de sua transformação psicológica.

literalmente ressurgir das cinzas. A mais lesiva rejeição tornou-se a fonte de sua transformação psicológica. A severidade da ferida fornecia a clareza de seu novo propósito.

Daqui, conseguimos ver um pouco de John Orr em nós mesmos. A ira fornece tanto clareza quanto confusão: clareza de propósito e confusão em nossa consciência, que nos diz para não fazer exatamente as mesmas coisas. Quando um homem quer muito alguma coisa e está muito irritado, *ele não quer pensar*. Nosso apetite por "justiça" assume o controle e passamos de estúpidos a escravizados. Todas as criaturas de livre-arbítrio estão sujeitas a essas forças. John Orr não era exceção. Seu perfil emocional e sua queda livre profissional formaram uma piscina de acelerantes à espera de uma fagulha. E aquele momento chegou mediante a aprovação e aceitação no recém-formado departamento de bombeiros de Glendale.

Embora Orr fosse um bombeiro, ele não iria se desvencilhar de sua ambição de ser aceito e reconhecido como um policial. Como um sem número de personagens fictícios ou mitológicos, as ambições de Orr uniram-se a suas questões psicológicas para criar um habilidoso manipulador e um político capaz de satisfazer sua necessidade em qualquer esquema em que se encontrasse:

- Ele encontrou uma maneira de carregar uma arma no período de serviço.
- Em suas folgas, ele vigiava, pegava, capturava e reportava à polícia os adolescentes que iniciavam incêndios.
- Ele "se viu" no meio de múltiplas situações agindo como um policial e pegando suspeitos de crimes pelo colarinho, para desespero da polícia legítima, normalmente roubando as manchetes no papel de "herói do dia".

- Usou sua crescente autoridade como capitão de bombeiros e, por fim, investigador-chefe de incêndios para integrar as habilidades de policial à sua descrição de cargo.
- Dirigia um Crown Victoria (um carro semelhante aos usados pela polícia) e colocou nele sirenes e holofotes portáteis.
- Quando foi revistado após ser preso, seu distintivo tinha uma placa removível onde se lia "Oficial de Polícia".

Você acha "patético"? Foi isso o que Orr se tornou: inseguro, fraco e digno de pena aos olhos da polícia. Mas, quando você combina esses defeitos de caráter com poder, posição, inteligência e um rancor profundo, o resultado é praticamente impossível de ser contido. Nunca plenamente aceito pela polícia, ridicularizado como alguém que queria ser o que não era e, agora, motivado por uma necessidade de sentir-se superior, os meios legais de Orr para alcançar seu sonho estavam esgotados. O que a profissão de soldado do fogo nunca pôde prover, porém, as chamas poderiam. Seu desejo por reconhecimento suplantou toda a razão, e Orr começou a iniciar incêndios para se tornar infame. De sua posição como investigador-chefe de incêndios, ele projetava uma imagem de autoridade, tinha acesso e controle sobre o fluxo de informações e mobilidade ilimitada, e era de esperar que estivesse dentro ou próximo de qualquer cena de incêndio.

Uma vez que havia se posicionado como mocinho, praticar o mal nunca foi tão fácil. Ainda assim, a maior segurança de Orr era seu personagem esquecível. "Todo mundo que conhecia John Orr sempre dizia quão comum era sua aparência, o tipo de cara que ninguém percebe. O tipo que se mistura em qualquer ambiente e simplesmente desaparece."[1] Seu maior ponto forte como incendiário era sua habilidade de permanecer incógnito.

O insondável preço das façanhas de Orr desafia toda a lógica quando se vincula a devastação a seu ponto de origem: *um homem com rancor, desejo de ganhar respeito e um fósforo.* Além disso, os lares perdidos, os negócios perdidos, os empregos perdidos, os terrenos perdidos e as vidas perdidas empalidecem diante da comparação com o enorme preço emocional cobrado. Contudo, psicologicamente, esses foram os exatos resultados que produziam um êxtase químico para Orr, o policial que nunca foi. O ego de um homem diminuído pela rejeição cria um ego inflado e inclinado a possuir e controlar aqueles que ele despreza.

Parece familiar?

Ouvir que você é inadequado e ver-se excluído pode dar origem a uma hostilidade singular, visceral e mortal, da qual homens *e* anjos caídos têm dificuldades de se recuperar.

Aquele que queria ser Deus

A Bíblia contém a ficha de Satanás. Nela encontramos o que precisamos saber sobre ele, sua história, seus erros, suas habilidades, seus planos e suas intenções para conosco. O primeiro passo no discernimento do mal é entender que Satanás é uma personalidade viva com uma complexa profundidade de caráter. Ele tem uma vida interior que dá forma a suas ações e molda sua existência. Ele também tem um passado. Para entendê-lo, devemos ter intimidade com sua personalidade e saber como ela foi formada. Ele certamente tem uma reputação, mas isso vem de seu caráter.

Aquilo que formou seu caráter está bem ali, na ficha dele. Assim como aconteceu com a rejeição de Orr depois do fracasso num exame psicológico, havia algo dentro de Satanás que a santidade de Deus não podia aceitar. Alguma coisa não estava certa. Havia uma falha, uma afeição doentia pelo poder de sua posição que o transformou em alguém que serve a si mesmo. Deus percebeu isso e respondeu de maneira coerente com seu próprio caráter, banindo Satanás do céu:

"Você foi ungido como um querubim guardião,
pois para isso eu o designei.
Você estava no monte santo de Deus
e caminhava entre as pedras fulgurantes.
Você era inculpável em seus caminhos
desde o dia em que foi criado
até que se achou maldade em você.
Por meio do seu amplo comércio,
você encheu-se de violência e pecou.
Por isso eu o lancei, humilhado, para longe do monte de Deus,
e o expulsei, ó querubim guardião,
do meio das pedras fulgurantes.
Seu coração tornou-se orgulhoso
por causa da sua beleza,
e você corrompeu a sua sabedoria
por causa do seu esplendor.
Por isso eu o atirei à terra;
fiz de você um espetáculo para os reis.
Por meio dos seus muitos pecados e do seu comércio desonesto
você profanou os seus santuários.
Por isso fiz sair de você um fogo,
que o consumiu,
e reduzi você a cinzas no chão,
à vista de todos os que estavam observando".

Ezequiel 28.14-18

Satanás foi criado por Deus e trabalhava a seu serviço. Ele se colocou entre Deus e o louvor que era oferecido. Sua mercadoria era a adoração. Passando por suas mãos estavam a autoridade e o domínio de Deus acima dele e a resposta de adoração dos seres criados abaixo dele. Ele era um empregado de confiança, um gerente sênior, o mais articulado orador que já existiu. Então, ele *amarrou.*

Ele amarrou a si mesmo algum tipo de adoração que deveria passar para Deus. Amarrou a si mesmo algum tipo de autoridade que pertencia somente a Deus. Amarrou a si mesmo as ordens que Deus dava e as sequestrou, querendo ele mesmo dar um pouco das suas sob sua própria autoridade. Ficou amarrado à sua beleza, magnificência e ao poder, e sentiu-se merecedor de receber um pouco de adulação para si mesmo. Satanás decidiu apropriar-se da glória de Deus. Aqui na ficha, portanto, encontramos a origem de todo o mal, a gênese do pecado, a primeira oposição a Deus e a subsequente resposta divina. Existe apenas uma vontade no céu, e Satanás tentou introduzir uma segunda — a dele. Ele amarrou a si mesmo e tomou para si aquilo que não lhe pertencia. Isso o tornou "inadequado", e Deus quis certificar-se de que o céu não seria poluído por seu caráter.

As similaridades entre Orr e Lúcifer são compartilhadas porque são inspiradas pela miséria compartilhada:

- Uma questão de caráter foi destacada e exposta.
- Sonhos de poder, controle e autoridade não se realizaram.
- O orgulho foi ferido profundamente.
- A punição foi a separação permanente do mundo que ele queria governar.
- Destituído de poder, ele foi humilhado.
- Cresceram os apetites pelo desejo de ser alguém.
- Emoções chocantes transbordaram quando a oportunidade se apresentou.

Satanás foi banido permanentemente do trabalho que ele amava, expulso e mandado para uma terra escura, sem forma e vazia, destituída de vida. Por quanto tempo, ninguém sabe, mas Satanás estava preso aqui na terra antes que houvesse vida, naquele intervalo entre os versículos 2 e 3 de Gênesis 1. Ele era mestre de nada, com muito tempo para que sua ira crescesse. Tal como Orr, ele era uma piscina de acelerantes à espera de uma fagulha, aquele momento quando as luzes foram inesperadamente ligadas em Gênesis 1.3: "Disse Deus: 'Haja luz'". Se existe algo chamado alegria maligna, Satanás foi o primeiro a dar-lhe expressão. De repente, ele tinha um lugar onde liberar toda a sua frustração e o intento sinistro em relação a Deus que estava guardado dentro dele.

Satanás era uma criatura em fogo.

Você tem de entender isso

Você e eu estamos vivendo no ato seguinte do desenrolar dessa história. Ao criar o homem, Deus deu a Satanás um objeto no qual projetar sua hostilidade latente em relação a Deus. Os sofrimentos e as agonias que fluíram daquele momento nos levam à derradeira questão que devemos resolver: *por que Deus não enfrentou Satanás antes de permitir que ele incendiasse o mundo e criasse tanta dor?* Se você é como eu, então não consegue olhar para o Holocausto, o genocídio em Ruanda, o Onze de Setembro ou uma miríade de outros males sem sentido por toda a história e *não* fazer essa pergunta. E se você é como eu, pode ter dificuldades para abraçar a resposta.

O fato é que *nós* somos a razão de Deus não ter acabado com Satanás logo de cara. Não é que ele não pudesse fazê-lo. É porque havia considerações maiores. Uma delas éramos nós — seus futuros filhos. Nesse tempo entre uma eternidade e a próxima vem a era dos homens e a batalha contra o mal na terra. Parece um tempo longo, mas não é, espremido como está entre as duas metades do sempre. Se Deus tivesse acabado com Satanás, não poderia nunca mais ter criado outro ser tão magnífico quanto

> Somos a razão de Deus não ter acabado com Satanás logo de cara.

Lúcifer, capaz de sentar-se com Deus no céu, possuindo o desejo de adorar, mas nunca o desejo de se rebelar. Essa outra criação é *você*. Deus está permitindo que o mal tenha sucesso limitado agora para que, nesta era, surjam filhos que sejam capazes de compartilhar a gloria de Deus, mas de não *se amarrar a ela* como Satanás fez. A Bíblia ensina que esses filhos:

- Governarão com Deus a partir de uma posição mais elevada do que a dos anjos.
- Terão destaque e dignidade muito além do que Lúcifer teve.
- Terão poderes maiores que os de Satanás.
- Jamais considerarão a hipótese de rebelar-se contra Deus.

Em outras palavras, por causa da criação e da queda do homem, do aparecimento de Cristo e sua morte expiatória e da nova natureza implantada em todo aquele que confiou em Cristo para obter salvação, *o pecado nunca mais invadirá o céu de novo*. Meus versículos particulares (aquela passagem da Bíblia que, creio, descrevem minha história) refletem sobre a razão de isso ser um fato de agora assim como um prognóstico do futuro. A passagem está marcada em minha Bíblia e diz assim:

> Coloquei toda minha esperança no SENHOR;
> ele se inclinou para mim e ouviu o meu grito de socorro.
> Ele me tirou de um poço de destruição,
> de um atoleiro de lama;
> pôs os meus pés sobre uma rocha
> e firmou-me num local seguro.
> Pôs um novo cântico na minha boca,
> um hino de louvor ao nosso Deus.
> Muitos verão isso e temerão,
> e confiarão no SENHOR.
>
> Salmos 40.1-3

Deixando os sentimentos de lado, nenhum homem que tenha sido resgatado do poço de destruição de seu próprio pecado e tenha recebido esse destaque *jamais* desejará receber a glória para si mesmo. Em vez disso, ele devolverá a glória. O plano de Deus é substituir o exército do céu que se perdeu por uma nova classe de criação, uma classe mais elevada de criação, com uma visão mais elevada de Deus e uma visão inferior e mais humilde de si mesma. Essa nova criação, filhos, governará o Universo com ele e alegremente transmitirá toda a glória a Deus. *Jamais haverá outra rebelião no céu porque você estará lá para garantir que isso não aconteça.* Satanás tem a maior oportunidade possível para explorar todos os aspectos de seu poder sobre a terra de modo que, no final, Deus possa provar que a vontade de qualquer coisa criada e que entre em conflito com a sua está fadada a fracassar.

Esse é o quadro.

A razão pela qual levanto isso em nossa discussão sobre o discernimento do mal e a necessidade de entender Satanás intimamente é esta: *você é o substituto dele*. Você precisa entender isso. Ele não apenas sabe disso, como detesta isso com todas as fibras de seu ser. Ele detesta *você*. Ele foi considerado inadequado e substituído por um pecador redimido que foi transformado em filho. Isso faz o sangue dele ferver. Essa é *a* questão. O grande quebra-cabeça chamado mal começa a encontrar sua forma e contexto *aqui*.

Portanto, agora que temos o esboço, precisamos completar nosso retrato desse organizado Incendiário Serial.

7

O incendiário: parte 2

Um maço de cigarros Camel
Um isqueiro
Um saco plástico cheio de elásticos
Duas cartelas de fósforos de papel
Um par de binóculos pequenos
ITENS ENCONTRADOS PELOS INVESTIGADORES NO
PORTA-MALAS DO CARRO DE JOHN ORR

Quando os investigadores de incêndios de Los Angeles ficaram desnorteados diante de uma sequência de incêndios não solucionados em lojas de varejo e residências, as únicas peças sólidas de evidência que ligavam os crimes eram os aparatos incendiários usados para iniciá-los. Em alguns locais, as chamas foram descobertas e extintas antes que pudessem se espalhar e causar danos maiores. Esses casos preservaram as provas. Contudo, mesmo nas cinzas dos incêndios maiores, os investigadores foram capazes de encontrar os remanescentes dos mesmos aparatos incendiários. Independentemente de quem fosse o incendiário, tal sujeito achava que aquilo que usou para dar início ao incêndio não deixaria vestígios no fogo. Mas o denominador comum em todos eles era um cigarro, três fósforos de papel e um elástico. Era alguma coisa, mas os investigadores pouco podiam fazer com as evidências até que de fato encontrassem esses itens de posse de um suspeito.

E a chance de isso acontecer era de uma em 1 milhão. Apesar de investigarem todas as pistas e motivações, eles ainda estavam a anos-luz de resolver o mistério.

Depois que a digital de John Orr foi confirmada, um caso foi montado durante meses de buscas. Um mandado foi obtido, o porta-malas de seu carro foi arrombado e, sem surpresa nenhuma, encontraram os itens. Ninguém realmente viu John Orr acender um cigarro, enrolar os fósforos ao redor dele e colocá-los em algum lugar. Mas ele terminou sendo julgado e condenado por uma montanha de provas circunstanciais que apontavam diretamente para ele:

- A impressão digital na loja da região central da Califórnia.
- Diversas vítimas identificaram a foto número 5 (de Orr) como sendo o homem que avistaram na cena do crime.
- Funcionários testemunharam que Orr visitou os estabelecimentos cinco a seis vezes antes dos incêndios.
- Sua presença em convenções de investigadores de incêndios em datas próximas à ocorrência dos crimes.
- O romance que ele estava tentando publicar se chamava *Pontos de origem*, apresentando um bombeiro/incendiário que iniciou uma investigação sobre incêndios que, ironia das ironias, era muitíssimo semelhante aos crimes de Orr.
- O material encontrado no porta-malas de seu carro.
- O fato de que Orr não era fumante.

Os jurados condenaram e sentenciaram John Orr à pena de prisão perpétua, e os investigadores declararam que ele foi responsável por algo em torno de 2 mil incêndios — mais de 12 milhões de dólares em danos a propriedades, destruição de milhares de metros quadrados de florestas e diversas mortes.

O júri não precisou de um vídeo que o mostrasse acendendo um fósforo. Eles sabiam que Orr estava ali. Ele foi condenado com base em provas.

O caso teve sucesso, mas é raro. Wambaugh disse a um repórter da CNN que incendiários em série raramente são pegos.

> Ele é o mais difícil dos criminosos em série a serem pegos. Não alardeia seus crimes. Foge rapidamente e consegue guardar muito bem aquilo consigo mesmo. Ele é motivado pela emoção, de modo que seria possível estar ali assistindo ao incêndio.[1]

Orr poderia ter escapado facilmente, mas uma impressão digital ligou todos os pontos. A questão importante das impressões digitais é que elas normalmente só chegam ao local se o criminoso as colocar ali.

Satanás exposto

Pegar Satanás é mais fácil do que prender um incendiário serial. Ele deixa as nítidas impressões de seu caráter e de sua presença por onde for. Assim, por que as vitórias de Satanás sobre o povo de Deus têm sido tão grandes, mesmo depois da poderosa obra de Jesus na cruz, do envio e da habitação do Espírito Santo, do claro ensinamento sobre ele por Jesus e nas Escrituras e do rápido avanço do evangelho por todo o mundo?

A primeira parte da resposta tem a ver com as potentes habilidades de Satanás. Ele é o mestre na arte de desviar as suspeitas sobre os pontos de origem e a pessoa de origem *para longe de si* e na direção de outras pessoas, outras circunstâncias, outras organizações, igrejas, doutrinas ruins e qualquer outra coisa, exceto a fonte *verdadeira*. A segunda parte da resposta está em nós e em nossa indiferença em relação à sua pessoa, habilidade e planos em relação a nós. A indiferença é sinônimo de ignorância, e ignorância é sinônimo de derrota. É por isso que ele tem sido embaraçosamente bem-sucedido contra o povo de Deus — conhecimento funcional aplicado sem diligência. O próprio Deus diz que a ruína segue de perto uma falta de consciência: "Meu povo foi destruído por falta de conhecimento" (Os 4.6). Satanás gosta das coisas desse jeito.

Em contrapartida, o homem de Deus, na figura de seu Senhor, é chamado a ver o que os outros não conseguem ver. Quando os outros veem apenas circunstâncias ou pessoas, somos chamados a usar nossa intuição espiritual, jogar pó para encontrar digitais, olhar para as coisas de um ângulo diferente, fazer a luz brilhar em lugares incomuns e apresentar perguntas mais profundas com base em nosso conhecimento do tempestuoso Incendiário. Devemos ser capazes de sentir seu caráter vazando nas situações cotidianas. Talvez não o vejamos riscando o fósforo, mas sabemos quais são os incêndios que ele gosta de iniciar, como aprecia fazê-lo, o que usa para iniciá-los e até mesmo como ele nos seduz a segurar e riscar o fósforo para ele!

Ele brincou conosco uma vez ou outra, e é incansável no ato de exercer sua influência de todas as maneiras que puder. Nos relacionamentos, na moral, em momentos espiritualmente iluminadores, e em experiências emocionais, ele está sempre envolvido. A razão para isso é que é nessas situações que ele mais ganha: nas transações básicas de sua alma. Mas saber disso antecipadamente diminui as chances de ele brincar com você ou de manipulá-lo.

> Para pegar o Grande Incendiário, o homem de Deus espiritualmente consciente deve fazer as conexões causais.

É claro que o simples conhecimento disso não é suficiente. Você precisa *conhecê-lo* — seu caráter e as maneiras como esse caráter se manifesta em suas ações. Quando você perceber certas dinâmicas acontecendo em pessoas ou situações, verá que elas refletem pistas particulares sobre sua fonte. Para pegar o Grande Incendiário, o homem de Deus espiritualmente consciente deve fazer as conexões causais.

Jesus não hesitou em expor Satanás quando seu radar captava as qualidades caluniadoras dele. Ele sabia: "Este é Satanás!". Seu radar apitava e as luzes vermelhas acendiam por inúmeras razões. Se olharmos com cuidado, podemos ter um quadro do caráter maligno e impenitente com o qual estamos lidando. Veja e aprenda com o Mestre. E lembre-se: *Ele é o Deus que vive em você.* Aqui está o que ele tem a dizer sobre Satanás:

- *Ele tem intenção de matar.*

> "Se vocês fossem filhos de Abraão, fariam as obras que Abraão fez. Mas vocês estão procurando matar-me, sendo que eu lhes falei a verdade que ouvi de Deus; Abraão não agiu assim. Vocês estão fazendo as obras do pai de vocês."
>
> João 8.39-41

Tradução: "Isso vem do Grande Assassino. Vocês estão sob a influência e o desejo do Diabo".

- *Ele mente e engana para justificar suas ações malignas.*

> "Vocês pertencem ao pai de vocês, o Diabo, e querem realizar o desejo dele. Ele foi homicida desde o princípio e não se apegou à verdade, pois não há verdade nele. Quando mente, fala a sua própria língua, pois é mentiroso e pai da mentira."
>
> João 8.44

Tradução: "Não é você. São seus lábios e seu corpo, mas na verdade é o Diabo. Mentiras racionais significam que o Mentiroso está envolvido aqui".

- *Ele tira proveito próprio e pratica a autogratificação à custa dos outros.*

"O ladrão vem apenas para roubar, matar e destruir; eu vim para que tenham vida, e a tenham plenamente. Eu sou o bom pastor. O bom pastor dá a sua vida pelas ovelhas. O assalariado não é o pastor a quem as ovelhas pertencem. Assim, quando vê que o lobo vem, abandona as ovelhas e foge. Então o lobo ataca o rebanho e o dispersa. Ele foge porque é assalariado e não se importa com as ovelhas."

João 10.10-13

Tradução: "Ele não está nessa por sua causa! Está por causa dele mesmo! Foi Satanás quem cunhou a expressão 'O que eu ganho com isso?'. Seu orgulho o levou a um espírito de reivindicação e interesse próprio. Ele é um cafetão. Fique junto do Bom Pastor, não do sujeito que promete prazer, mas entrega dor. Vê pessoas sendo usadas? É ele".

- *Ele usa distrações mentais para eliminar a transformação espiritual.*

"A semente é a palavra de Deus. As que caíram à beira do caminho são os que ouvem, e então vem o Diabo e tira a palavra do seu coração, para que não creiam e não sejam salvos."

Lucas 8.11-12

Tradução: "Quando distrações e diversões vêm antes da leitura da Palavra ou da ida à igreja, cuidado com o Terrorista. Quando existe potencial para um encontro com a verdade, Satanás trabalha para desanimá-lo. Pode até parecer um desinteresse justificável, mas não se engane: é ele".

- *Ele usa muitas palavras para mascarar sua falta de integridade.*

"Mas eu lhes digo: Não jurem de forma alguma: nem pelos céus, porque é o trono de Deus; nem pela terra, porque é o estrado de seus pés; nem por Jerusalém, porque é a cidade do grande Rei. E não jure pela sua cabeça, pois você não pode tornar branco ou preto nem um fio de cabelo. Seja o seu "sim", "sim", e o seu "não", "não"; o que passar disso vem do Maligno."

Mateus 5.34-37

Tradução: "Satanás é o Grande Vendedor. Ele dirá qualquer coisa para que você morda a isca. Quando as pessoas tentarem convencer você de algo usando muitas palavras, saiba que alguma coisa está errada. Satanás inventou esse truque".

- *Ele se apossa do plano de Deus através das paixões e dos interesses próprios do homem.*

Desde aquele momento Jesus começou a explicar aos seus discípulos que era necessário que ele fosse para Jerusalém e sofresse muitas coisas nas mãos dos líderes religiosos, dos chefes dos sacerdotes e dos mestres da lei, e fosse morto e ressuscitasse no terceiro dia. Então Pedro, chamando-o à parte, começou a repreendê-lo, dizendo: "Nunca, Senhor! Isso nunca te acontecerá!" Jesus virou-se e disse a Pedro: "Para trás de mim, Satanás! Você é uma pedra de tropeço para mim, e não pensa nas coisas de Deus, mas nas dos homens".

Mateus 16.21-23

Tradução: "Satanás gosta que homens desejem conforto e optem por ele em lugar do sacrifício. Ele vai tentar você sugerindo um caminho mais confortável, mas Deus exige sacrifícios desconfortáveis. É comum Satanás estar por trás de alguém que oferece um caminho mais fácil. Cuidado com a marionete e com seu Manipulador".

- *Ele se opõe ao avanço do evangelho na vida da pessoa.*

> O procônsul, sendo homem culto, mandou chamar Barnabé e Saulo, porque queria ouvir a palávra de Deus. Mas Elimas, o mágico (esse é o significado do seu nome), opôs-se a eles e tentava desviar da fé o procônsul. Então Saulo, também chamado Paulo, cheio do Espírito Santo, olhou firmemente para Elimas e disse: "Filho do Diabo e inimigo de tudo o que é justo! Você está cheio de toda espécie de engano e maldade. Quando é que vai parar de perverter os retos caminhos do Senhor? Saiba agora que a mão do Senhor está contra você, e você ficará cego e incapaz de ver a luz do sol durante algum tempo."
>
> Atos 13.7-11

Tradução: "Está vendo oposição ao evangelho? Isso é Satanás. Fraude? Pode apostar no envolvimento dele. Trapaça e manipulação? Ele também tem um dedo nisso. O certo sendo distorcido no errado? Você já entendeu".

Quando vejo Paulo e Barnabé agindo de maneira tão confiante, vejo Jesus continuando a viver através deles, desmascarando o Diabo. Então, pergunto: "Onde os homens estão fazendo isso hoje?". Olho ao redor, para os homens da minha igreja, e sou convencido de que preciso treiná-los com mais diligência para enxergar Satanás. Não é uma coisa do Kenny; é muito maior do que isso. É uma coisa de Jesus. Ele disse que a meta é ser bom nessa coisa, pois significa que estamos nos tornando semelhantes a ele. "Todo aquele que for bem preparado será como o seu mestre." (Lc 6.40.) Palavras-chave: *bem preparado.*

Satanás odeia ser visto. Jesus sabia disso. É por isso que Jesus nunca entrou numa situação com o radar desligado. Ele sabia que Satanás sempre apareceria de um jeito ou de outro, e via a si mesmo e a seus discípulos como pastores de ovelhas entre lobos. Os lobos sempre estariam presentes. Ele falou sobre o fato de o trigo (nós) crescer bem ao lado do joio, explicando que seria assim até que ele viesse outra vez (cf. Mt 13.37-39). Nesse "tempo de ainda não" antes de o futuro começar, os homens de Deus estão trabalhando, vivendo e se envolvendo com outros que estão sob o controle e a influência direta de Satanás. Jesus os enfrentou, em primeiro lugar, por meio do *conhecimento do caráter de Satanás e de como ele se manifestava*, e, em seguida, por uma *convocação para o enfrentamento*. Estar familiarizado com Satanás como um ser vivo com uma personalidade e um caráter que são tanto reconhecíveis quanto confrontáveis é o jogo a ser jogado.

> ***Lutando***
> *A obra de Satanás recebe um grande golpe quando o homem de Deus vê o caráter de Satanás e faz distinção entre o manipulador e a pessoa que está sendo manipulada.*

Mais informações do arquivo

A ficha criminal de Satanás se estende por quilômetros. Só arranhei a superfície de seu caráter e de suas manifestações. Nem mesmo toda ênfase do mundo seria suficiente para dizer que o homem de Deus deve ler a Palavra com uma lente tanto para a aplicação espiritual quanto para o fortalecimento contra o inimigo. Precisamos estudar e analisar com cuidado cada menção e aparição de Satanás, bem como suas vitórias e derrotas detalhadas nas Escrituras.

Da maneira mais sinistra, todos os atributos dele tornam-se os métodos que ele usa para matar. Discerni-*lo* nos leva a discernir o que ele faz. Seu comportamento sempre reflete seu caráter.

Vejamos, portanto, mais alguns sinônimos para Satanás. Quando analisá-los em suas circunstâncias pessoais, você pode confiar que ele está envolvido em todos os níveis.

Ele é sinônimo de orgulho

A linguagem do orgulho diz: "Eu sei mais". Ela se apresenta de múltiplas formas, incluindo todo tipo de narcisismo, autopromoção, postura defensiva, arrogância e reivindicação de direitos pessoais. Todas essas coisas separam as pessoas de Deus porque transformam as pessoas em seus próprios deuses, violando o primeiro mandamento e alienando-as de seu Criador. Pense na própria história de Satanás. Seu orgulho gera reivindicação de direitos, o que gera apropriação indevida da glória de Deus. Pode-se dizer que o primeiro pecado foi o orgulho no coração de Satanás. "Meu reino, meu poder, minha glória" é seu hino, e ele gosta de um coro.

Ele é sinônimo de morte

Ele é o assassino em série original, e está atrás de mais coisas do que simplesmente parar corações. Se homicídio, suicídio ou assassinato de crianças estiverem fora de seu alcance ou não forem eficientes, ele trabalhará para matar relacionamentos, casamentos e famílias, de modo que possa anular a geração seguinte sem muito esforço de sua parte. Aborto, sim, mas divórcio funciona tão bem quanto.

Ele é sinônimo de rebelião

Ele é um rebelde com causa. Analise a desintegração da família e o mandamento de Deus aos filhos para que honrem seus pais. Pais que se rebelam contra a autoridade de Deus sobre sua vida vão criar filhos que veem a hipocrisia e, por sua vez, se rebelam contra a autoridade de seus pais. Ficamos surpresos com isso? Tudo começa com a criação de um ambiente de respeito e exemplo no lar. Filhos que não aprendem a respeitar a autoridade terão dificuldades para respeitar Deus. Rebelião é o nome do jogo de Satanás.

Ele é sinônimo de desejos fora de controle

Uma vida controlada por uma picada, uma refeição, uma dose de adrenalina, um relacionamento, uma compra, uma aposta, um acordo comercial, um *site* pornô ou qualquer outro prazer imediato é fácil de ser manipulada e destruída. Essas pessoas são horríveis em relacionamentos porque satisfazem sua necessidade de conforto alimentando um apetite substituto. Seus ídolos preenchem sua necessidade de adorar, e elas se tornam escravas. O "por que" passa a não ter importância.

Ele é sinônimo de separação relacional

Satanás é uma criatura solitária, não tem amigos e é completamente destituído de amor. Assim, ele projeta sua própria solidão e miséria nas pessoas, atacando as conexões que elas têm com Deus e com os outros. *Satanás não suporta relacionamentos saudáveis e próximos por parte de pessoas sadias que estão crescendo em Deus.* É por isso que os especialistas em relacionamentos que analisam as conexões relatam que 55% de todos os casamentos terminam em divórcio e 40% de todos os casamentos cristãos são atingidos pela infidelidade nos primeiros dez anos. É por isso que a ausência de pais está ligada a quatro vezes mais uso de drogas, prisões, gravidez na adolescência e evasão escolar.[2] Separar e isolar pessoas pode torná-las vulneráveis à destruição.

Ele é sinônimo de aumento de emoções negativas

Uma vez que somos o que pensamos e fazemos o que pensamos, Satanás adora brincar com emoções negativas, amplificando-as. O objetivo dele é que você concorde 110% com seja lá o que você esteja sentindo. Aceitamos suas sugestões e agravamos nossas emoções; depois, elas escravizam nossa mente, levando a ações que ajudam a nos enforcarmos. Ele é o príncipe das sugestões, e sua noção de oportunidade é impecável. Essas sugestões aparecerão quando suas emoções estiverem em alto nível de excitação, pois é nesses momentos que seu desejo de pensar é pequeno e a vontade de agir de acordo com as emoções é grande. Ele sabe que, quando queremos, não queremos pensar.

O objetivo dele é que você concorde 110% com seja lá o que você esteja sentindo.

Ele é sinônimo de ritmo de vida acelerado

Satanás sabe que "rapidez e qualidade" são palavras que não combinam. Palavra-chave: *estupidez.* Somente um idiota diz que você pode ter relacionamentos de qualidade com Deus ou com as pessoas sem dispensar muita atenção e tempo. Em vez de viver sua vida com base em um conjunto de valores ordenados por Deus, você descobre que Satanás incentiva a vida dominada pelas atividades — não cada momento com um propósito. Ele diz que o sucesso não é viver seus valores, é preservar uma imagem e garantir que você é uma parte de todos os assuntos urgentes em que você precisa se envolver.

Estou guardando algumas das maiores para depois, mas você entendeu o ponto. A Bíblia nos diz que os cristãos correm o risco de ser explorados pelas máscaras de Satanás. Ele projeta o caráter dele em você ao plantar pensamentos que parecem positivos, mas que na verdade produzem efeitos devastadores. Analise a ficha dele e estude-a de modo que não lhe falte a sabedoria e a intuição para enxergá-lo.

"Precisamos de conhecimento sobre nosso inimigo, seu caráter, sua presença e seu poder para que possamos despertar os homens e levá-los à ação", repete E. M. Bounds. "Esse conhecimento é vital para a vitória."[3] Se o homem de Deus é destruído por falta de conhecimento (cf. Os 4.6), então o homem de Deus que está equipado com conhecimento íntimo do inimigo poderá causar algum dano.

Um homem de Deus lutador deve começar se dedicando a discernir o Diabo. A Bíblia *presume* a presença nítida e perigosa de Satanás nas questões dos homens e revela a personalidade e o caráter dele de modo que possamos destacá-lo. Esse é nosso treinamento e nosso chamado.

Lembre-se: em breve, você vai substituí-lo no céu para sempre. *Ligação clara é a chave.* Assim como os investigadores fizeram uma ligação causal por meio das provas encontradas no porta-malas do carro de John Orr, o homem de Deus pode procurar o caráter de Satanás dentro da Palavra de Deus para ter uma consciência mais profunda. Como um lutador treinado para atuar em operações especiais, perceberemos o cheiro do Intruso e o exporemos e repreenderemos em nome de Cristo. A ficha dele está ali para ser usada. Decore-a e aplique-a todos os dias para se antecipar a ele.

Nosso lema: incógnito nunca mais.

8

Assassinos em missão

Ele era o soldado perfeito: ia para onde era mandado,
permanecia onde o colocavam e não tinha iniciativa própria
para deixar de fazer exatamente aquilo que lhe fora dito.
DASHIELL HAMMETT

Eu trabalhava do outro lado da rua do lugar mais feliz do planeta: a Disneylândia, para os não iniciados. Era capelão de uma unidade de oncologia no sétimo andar do Western Medical Center, em Anaheim, Califórnia. A ironia de trabalhar tão perto da Terra da Fantasia era que meu mundo, repleto da realidade da mortalidade, estava no lado oposto de um mundo planejado especificamente para suprimir essa realidade. As coisas sempre funcionavam lá no Reino Mágico. Um herói para cada crise, e o mal ameaçador *sempre* perdia.

Mas lá no alto do meu castelo de esterilidade, do outro lado da rodovia, eu orava a Deus, pedindo sua sabedoria e força para ajudar muitos pacientes a enfrentarem o fato de que suas fantasias de se livrarem do câncer eram exatamente isso, e que seus dias estavam contados. Muitos pacientes fizeram grandes esforços para encontrar a cura de seus cânceres. Procuraram em vão por uma nova terapia, alguma arma mágica ainda não descoberta que fosse letal o suficiente para matar seu câncer particular.

Esse tipo de munição mostrou-se ilusória, e a maioria dos pacientes tinha de se conformar com as terapias convencionais, que eram arriscadas e tinham intensos efeitos colaterais. Na maioria dos casos, os médicos tinham que praticamente matar o paciente (ou pelo menos o sistema imunológico dele) para matar o câncer. Veneno e radiação são agentes de cura que vão contra a intuição, não importa por qual lado você encare a circunstância. Ainda mais sombria é a dolorosa jornada para pacientes e pessoas próximas que oram e esperam por um bom resultado.

É comum que a agressividade e a velocidade de propagação de alguns cânceres tenham eclipsado a descoberta de novas terapias para derrotá-los. Mas um dia, lá no sétimo andar, descobri que as armas mágicas nem sempre estão no reino da fantasia.

Ouvi falar dos anticorpos monoclonais (AMC) ao conversar com a diretora de oncologia da minha área, Marianne Gonsalvez. Durante a sessão de gerenciamento de casos de nossos pacientes, conversamos sobre seus diferentes tipos de câncer e o que estava sendo feito para ajudá-los. À medida que ela explicava o que os AMC fazem dentro do corpo humano, fiquei de boca aberta. Por falta de uma ilustração melhor, eles são os mísseis cruzadores da bioengenharia que voam por cima de todos os outros tipos de células e atingem apenas as células cancerosas. Cheia de entusiasmo, Marianne explicou que, quando um anticorpo monoclonal ataca uma célula cancerosa, ele:

- Destaca uma célula cancerosa para o sistema imunológico. Como um sistema de aproximação de um navio, os AMC podem sinalizar uma célula cancerosa para o sistema imunológico, facilitando sua localização e o combate a ela.

- Impede os sinais de crescimento. Pense no sistema de interferência em radares. Certas células cancerosas recebem um sinal para crescer mais rapidamente que as células normais. Os AMC podem ser programados para gerar interferência e confundir esses sinais.

- Conduz radiação. Pense nos *kamikazes*. Um AMC pode levar uma partícula radiativa diretamente para a célula cancerosa alvo, poupando as células sadias ao redor. Assim que o AMC se conecta a um receptor de uma célula cancerosa, ele faz a entrega de sua carga à célula malvada.
- Faz contrabando de drogas para *dentro* da célula cancerosa. Uma espécie de cavalo de Troia, o AMC pode introduzir drogas na célula cancerosa, as quais permanecem inativas até que estejam *dentro* da célula. Assim que tiver penetrado, a droga pode ser ativada, matando o câncer numa tática de invasão biologicamente sublime.

> Os demônios são seus assassinos pessoais em missão e, no que diz respeito ao Diabo, *nós somos o câncer.*

Dois tipos de leucemia, quatro tipos de câncer e o linfoma não Hodgkin são tratados hoje com anticorpos monoclonais. Eles são as verdadeiras armas mágicas da terapia do câncer. Esse retrato da mira e da destruição intencional das células cancerosas é tão misterioso quanto inspirador.

Eles são os soldados perfeitos do mundo da oncologia:

- Vão para onde são mandados.
- Permanecem onde são colocados.
- Fazem exatamente o que o bioengenheiro lhes pede para fazer.
- Apontam defeitos em células cancerosas e se aproveitam deles.
- Existem para um propósito.
- Possuem alta capacidade letal.
- Representam as melhores intenções do médico como seu agente de erradicação.

Combine tudo isso e você começará a entender por que os AMC são o tratamento preferido para o câncer: são específicos para cada doença, são posicionáveis e são letais para o câncer, ao mesmo tempo que são benignos para as células. Existem conotações óbvias aqui para os homens de Deus como agentes do reino. Afinal, os demônios de Satanás se guarnecem de sua habilidade de atacar de maneira íntima e fatal, com precisão como de *laser*, no mundo inteiro. Os demônios são seus assassinos pessoais em missão e, no que diz respeito ao Diabo, *nós somos o câncer*.

> ***Lutando***
> *Os demônios estão constantemente tentando encontrar um meio de se conectar à vida dos cristãos em áreas que não estão entregues ao controle do Espírito Santo.*
> *A carne e o mundo são capazes de controlar o homem de Deus, e os demônios possuem o mesmo potencial.*
> *O homem de Deus deve reconhecer isso como uma realidade prática e pessoal e dar passos para se defender, repreender e resistir à presença e aos propósitos deles.*

Anjos mortíferos caídos (AMC)

Assim como as células cancerosas cooperam involuntariamente com os anticorpos monoclonais, o que resulta em sua própria destruição, os homens de Deus têm cooperado involuntariamente com os demônios e se transformado em alvos de seus ataques desde a criação do homem. No Novo Testamento, Judas foi tanto tentado a se afastar do círculo de pessoas próximas quanto possuído por Satanás. Mais tarde, foi tomado pela culpa, que o levou ao suicídio. Pedro foi influenciado e persuadido a tentar convencer Jesus a desistir da ideia de ir para a cruz. Depois disso, ele transformou-se de discípulo fiel em praguejador e mentiroso, e se sentiu tão sujo que rastejou para debaixo de uma pedra, tentando esquecer sua identidade como homem de Deus. Foi preciso uma reunião verdadeira, do tipo "venha a Jesus", para que ele voltasse aos trilhos. Do mesmo modo, João e Tiago quiseram invocar fogo do céu sobre os samaritanos em Lucas 9, e Jesus os repreendeu por terem um espírito diferente do dele. As motivações predominantes desses corações estavam sendo exploradas por outra influência. Satanás e seus AMC estavam no ataque, ajuntando e distribuindo seu mal.

Os demônios são os anjos mortíferos caídos em missão e estão sob as ordens do próprio Satanás. A ficha deles também está na Palavra de Deus. As Escrituras nos ensinam o que precisamos saber sobre esses soldados perfeitos de Satanás. Veja a seguir as informações básicas que todo homem de Deus deve ter sobre os AMC de Satanás:

- Possuem grande poder e paixão pessoais.
- São ordenados, subordinados e coordenados dentro de uma hierarquia de poder, tendo Satanás no topo da cadeia alimentar.
- São numerosos e estão em toda parte do mundo, projetando e promovendo influências e ações malignas.
- Existem para atingir tanto cristãos quanto descrentes com intenção maliciosa e destrutiva.
- Agarram-se à vida do cristão, procurando controlar toda e qualquer área que *não* esteja sob o controle e a liderança do Espírito Santo. (*Pense neste item por um instante.*)
- São agentes muito astutos, íntimos de Satanás e emocionalmente próximos dele em virtude de histórias, desgraças e destinos em comum.
- Possuem mentalidade militar e existem para conquistar homens, culturas, nações e a igreja com o objetivo de aumentar o controle de Satanás.

- Recebem permissão dos cristãos para influenciá-los, controlá-los e oprimi-los ao comprometer e compartimentalizar áreas da vida para longe do controle de Cristo.
- Não possuem autoridade ou controle sobre um cristão que esteja em comunhão com o Espírito Santo.
- São aqueles com os quais deveríamos nos preocupar em nossa busca para sermos homens de Deus e cumprir seus propósitos na terra.

Outra coisa: como homem de Deus, você não pode crer "mais ou menos" nos demônios. "Pois a nossa luta não é contra seres humanos, mas contra os poderes e autoridades, contra os dominadores deste mundo de trevas, contra as forças espirituais do mal nas regiões celestiais" (Ef 6.12). Dizemos muita coisa da boca para fora em relação a esse versículo, mas poucas são as ações práticas. De fato, infelizmente existe pouca resistência verdadeira à influência e ao controle demoníacos na vida dos homens de Deus hoje em dia. Somos entregues a eles contra a vontade por meio da compartimentalização mental e do comprometimento.

Você pode achar que estou passando dos limites, mas quero me certificar de que todos nós vamos ficar com isto gravado em nosso cérebro: a compartimentalização espiritual em nosso estilo de vida — seja de 5%, seja de 95% — determina a presença e a influência demoníaca em nossa vida. Os demônios trabalham sem parar para garantir que as áreas não entregues de nossa vida derrubem todo o restante. Eles adoram transformar o interesse no pecado em desastre e morte completos. Tenho uma pilha de *e-mails* recebidos de irmãos em Cristo para provar isso.

Outra coisa: como homem de Deus, você não pode crer "mais ou menos" nos demônios.

O que precisamos entender sobre todo esse esforço da parte do mal é que Satanás tenta parodiar e imitar a obra de Deus de uma maneira pervertida. Quando Deus cria o homem e procura conduzi-lo, amá-lo e abençoá-lo, Satanás entra em cena prometendo a mesma coisa, mas entregando dor. Quando Deus se encarna na pessoa de Jesus Cristo, Satanás usa demônios para tomar posse à força de pessoas e tornar-se ele próprio pseudoencarnado. Quando Jesus Cristo ressurge dos mortos e o Espírito Santo vem para habitar os cristãos de forma justa e permanente, Satanás, usando seus AMC, busca uma presença contínua e artificial na vida dos cristãos.

Em vez de sentir a comunhão e a concordância do Espírito Santo, temos os sentimentos não naturais e contraditórios de um intruso. Os demônios são como terroristas que tentam se estabelecer num país estrangeiro — indesejados, mas presentes. Eles podem residir naqueles espaços permitidos da vida de um cristão com uma missão destrutiva. Não podem habitar como o Espírito Santo faz, porque essa não é sua missão nem seu direito legal. Contudo, tentarão se aproveitar de áreas nas quais haja maior abertura para a aceitação de uma vontade outra que não a de Deus. Eles querem conduzir o barco naquela área particular da vida, ter uma voz, obter um sim, explodir uma bomba, mutilar, matar e seguir adiante na direção da próxima comunidade que lhes abra as portas.

Os demônios são pacientes e persistentes em sua saga para gradualmente insinuar sua influência sobre nosso pensamento com o propósito de obter controle de uma parte de sua vida. Eles trabalharão contra você, assim como sua carne e o mundo farão. Disseminarão áreas cinzentas e reclamações sobre desconforto ou perda e, depois, oferecerão soluções fáceis. Explorarão os conflitos e enfatizarão as emoções negativas com uma enorme lista de sugestões fornecida pelo próprio Satanás. Ajudarão a reordenar seus pensamentos de uma maneira tal que o pecado parecerá *realmente* bom e totalmente lógico. Eles gostam de se intrometer e invadir sua vida com *muitos* pensamentos ruins. Esses caras não são da vizinhança. São vendedores que estudaram sua ficha. Conhecem o caráter dos homens e sabem exatamente o que inserir no meio de nossas fragilidades, orgulho e inseguranças. Eles aprenderam com o mestre. Estão na sua varanda porque cheiram discórdia e rebelião em seu espírito, assim como uma isca com sangue na água atrai um cardume de tubarões.

Você sabe que é Satanás e seus anjos mortíferos caídos quando sugestões, pensamentos, temores, desânimo, tentações e conflitos interiores começam a crescer em sua imaginação. Então, haverá a oferta de uma realidade que é melhor do que qualquer coisa que Deus esteja oferecendo. Não é apenas uma solução; é uma solução *impressionante* — uma que toca seus sentimentos e se sobrepõe à sua fé. Múltiplos milhões de batalhas assim estão sendo travadas exatamente neste segundo na vida de pessoas por todo o mundo. Não existe cessar-fogo, calmaria, momentos de relaxamento nem armistício. A razão é que as sempre presentes falhas em seu caráter podem produzir conflitos que danificam seu relacionamento com Deus e com as pessoas.

É incessante porque nós estamos *no quintal deles*, não o contrário. A terra está numa condição decaída, na qual anjos mortíferos caídos têm poder para governar e dominar nações e homens. Estamos nesse mundo, e aqueles que o governam neste curto período de tempo entre as eternidades não estão dispostos a entregar nem 1 centímetro sequer de seu controle.

Controle é o jogo mortal deles, e eles têm grande experiência com a personalidade masculina e suas fragilidades e inseguranças, o que os ajuda a alcançar seus fins. É essa inteligência, o trabalho em equipe e o desejo incansável de alcançar a autodestruição dos homens que nos faz coçar a cabeça quando vemos homens se transformando em pessoas que não reconhecemos. De homens comuns, eles se transformam em pessoas detestáveis, imorais, maliciosas, mundanas, egoístas ou coisa pior. Cristão ou não, a maior fraqueza que um homem pode ter é não se conscientizar de que lhe foi dado acesso a um demônio, pois é essa cegueira que o fará entrar.

De comum para maligno

Quando era menino, no Egito, Mohamed Atta não era uma ameaça. Era filho de um advogado e jogava xadrez, e seu apelido em árabe significava "pequeno pássaro que canta". Na família, o sucesso lançava algumas longas sombras sobre sua vida, como suas irmãs: uma se tornou médica e a outra, professora universitária.

Na Universidade do Cairo, os colegas de classe de Atta o descreviam como uma pessoa solitária, e dizem nunca tê-lo visto orar. Quando pressionado, Atta chamava os terroristas islâmicos de "descerebrados". Seu melhor amigo daquela época disse: "Ele não era um líder. Tinha sua opinião, mas era humilde em tudo. Suas emoções eram firmes, e ele não era facilmente influenciado ou manipulado [...]. Nunca ofendeu ou perturbou alguém".[1]

Quanto mais leio sobre esse sujeito, mais tenho a sensação de que ele queria "defender" algo. Seus amigos na faculdade falaram sobre um rapaz que era quieto e reservado na maior parte do tempo e, então, certas coisas teriam disparado uma angústia que levou a uma explosão de convicções aleatórias sobre coisas estranhas. Atta explodia repentinamente em relação a coisas que variavam da injustiça no mundo à morte de um inseto, passando pelo comportamento irritante de um colega de classe. É aquilo que você poderia chamar de "complexo de inferioridade". Você conhece esses caras, com estatura e propósito pequenos que se irritam diante daquilo que se tornaram, e não há uma maneira previsível de conseguir ser mais do que aquilo que se tornaram.

Depois de se formar na universidade, havia um profundo temor em Mohamed Atta de que não teria sucesso profissional em seu próprio país. O sistema acadêmico estava contra ele, as políticas de sua profissão estavam contra ele e, como consequência, suas perspectivas eram pequenas. Você poderia dizer que ele estava batalhando para deixar sua marca como homem. Em algum ponto da estrada a masculinidade desse rapaz foi rompida. As coisas pioraram na pós-graduação na Alemanha. Atta deixou de ser apenas cínico para se tornar mal-humorado e, daí, deprimido. Ele se sentia mais como um estudante profissional do que um homem: nenhuma família, nenhuma carreira e nada tangível em que mirar depois de ter investido todos esses anos na escola. Então, para espanto de seus colegas de pós-graduação e de seus professores, Mohamed Atta começou a se ausentar por longos períodos de tempo, fazendo viagens ao Oriente Médio. Quando voltou para a Alemanha, sua aparência havia mudado, trocando o rosto limpo por uma barba densa.

Da vez seguinte em que Atta apareceu na escola na Alemanha, pediu permissão para iniciar um grupo de estudo do islamismo com alunos do *campus*. Subitamente, ele e mais de quarenta colegas estavam se reunindo para orações diárias, dois deles também se tornariam sequestradores de aviões. Ele havia descoberto algo poderoso: uma identidade e um propósito. De alguém que tinha pouco a dizer, transformou-se em alguém com muito a dizer; de muçulmano comum a devoto e evangelista.

O restante da transformação de Atta é hoje bastante público e um tanto maligno. Tirou a barba, veio para os Estados Unidos e começou a treinar e planejar os ataques de Onze de Setembro. Acumulou trezentas horas de voo, conseguiu um brevê de piloto e treinou num simulador do Boeing 727. Investigadores federais dizem que Atta era o comandante operacional e líder de uma célula clandestina que se transformou no grupo de execução que realizou meticulosamente os ataques. Os amigos desse homem esmagado e deprimido agora olhavam de frente o mal em estado puro nas telas de televisão por toda a cidade do Cairo. O aluno que um dia se irritou com a morte de um inseto era agora o responsável pela morte de milhares de pessoas. Numa carta encontrada em sua bagagem, lia-se a seguinte frase: "Que cada um encontre sua faca para que a presa seja abatida".[2]

O pequeno pássaro havia cantado.

O bem que foi aliciado

A história de Mohamed Atta, o piloto do primeiro avião que provocou um inferno na torre norte do World Trade Center em 11 de setembro de 2001, é o perfil de como um cara comum pode ser levado a fazer o indizível quando as forças adequadas entram em ação. Suas questões pessoais são comuns a um homem e nos dão uma ideia de como a guerra no mundo a nosso redor é moldada pela guerra invisível em razão das almas que acontece dentro de nós. Ele não era diferente de um fundamentalista "cristão" que lança bombas numa clínica de aborto ou de um líder polígamo de uma seita que abusa de mulheres e que as transforma em esposas com 14 anos de idade.

Atta está somente mais memoravelmente ligado ao dia de maior infâmia da história norte-americana desde Pearl Harbor. Ele é o lado extremo de um pêndulo do mal. Mas antes de nos colocarmos à parte desse homem maligno que esteve sob o controle de Satanás e seus AMC, precisamos entender que as questões comuns da masculinidade criam as mesmas oportunidades para que os agentes de Satanás se concentrem em nós.

- Falta de uma identidade forte: ele não tinha senso de si próprio.
- Falta de propósito: ele procurava ser importante.

- Falta de pertencimento: ele estava isolado em termos relacionais.
- Falta de influência: ele era potencialmente maior do que aquilo que se tornara.
- Falta de aventura: ele estava entediado.
- Falta de transcendência: ele estava desconectado do eterno.

Mohamed Atta estava pronto para sua conversão ao fascismo islâmico. Dê a um homem — ou, a propósito, a uma pessoa qualquer — uma identidade suficientemente forte e um propósito pelo qual seja digno morrer e, nesse momento, ele começará a crer em qualquer coisa. É, o mal aliciou Mohamed Atta muito bem.

Mas nós não somos assim, certo? Faça algumas perguntas a si mesmo. Sua identidade é forte o suficiente para a rendição completa? Existe separação entre aquilo em que você acredita e como você de fato vive e pensa? Você tem uma conexão significativa com outros homens, compartilhando convicções e orientações? Você acredita que é um homem de influência com chance de ser grande em alguma coisa? Você está entediado com sua vida, sua esposa, sua família ou sua carreira, sentindo-se preso? Você está fazendo escolhas agora que resistirão à sua vida aqui na terra? Você está investindo sua vida em algo que transcende a você mesmo? Você está vivendo a vida com intenção, direção e motivação? Você sabe para onde está indo como homem?

Todas essas perguntas estão relacionadas à sua vulnerabilidade ao controle exterior exercido pelas forças do mal. Satanás e seus assassinos em missão podem coagir e enganar muitos de nós a que nos tornemos inconscientemente seus "soldados perfeitos". Sem respostas claras às perguntas de identidade, propósito e investimento de vida, estamos susceptíveis à sugestão, direção e outras ideias estranhas que homens capazes como você engoliram vez após vez no decorrer da história.

"Ele era o soldado perfeito: ia para onde era mandado, permanecia onde o colocavam e não tinha iniciativa própria para deixar de fazer exatamente aquilo que lhe fora dito", escreveu o romancista Dashiell Hammett. Gosto da maneira como o artista de *rap* Minister RMB articula o mesmo sentimento quando nos adverte poeticamente: "O Diabo é um cafetão. Não seja mulherzinha dele". Grosso, autêntico e biblicamente preciso. O Diabo e seus recrutas demoníacos colocam homens bons na prostituição e rouba-lhes a grandeza. Fazem isso ao explorar coisas como masculinidade ferida, fragilidades, inseguranças, medos e falta de rendição total a Jesus Cristo.

De que maneira o homem de Deus se torna menos vulnerável à influência e ao controle demoníacos? Fácil. Enfie uma longa lâmina no coração do comprometimento e da compartimentalização espiritual. Elimine espaços para os demônios ao entregar à liderança do Espírito Santo *todas as áreas* de sua vida, não importando o custo. É claro que é mais fácil dizer isso do que fazer, e isso também exige vigilância constante. Mas para dar prosseguimento à ofensiva que lançaremos na parte 3, precisamos nos lembrar de quem estamos de fato combatendo. A Bíblia diz que não são pessoas; são os AMC — anjos mortíferos criados.

9

Ventos malignos

O anjo do SENHOR disse a Satanás: "O SENHOR o repreenda,
Satanás! O SENHOR que escolheu Jerusalém o repreenda!
Este homem não parece um tição tirado do fogo?".
ZACARIAS 3.2

Fritz Coleman é o repórter do tempo de uma afiliada da rede de televisão NBC no sul da Califórnia. Ele é tão conhecido e confiável que muitos se referem diretamente a ele. "Olha, o Fritz disse que vai sair sol." "O Fritz não disse que o tempo ficaria ruim." Isto é um sinal de que você se tornou um ícone: quando *você* se torna o primeiro pensamento de alguém quando se trata de determinado tópico. Fritz *é* o tempo. Naturalmente, a de tudo isso é que ele repete exatamente a mesma previsão do tempo para a maior parte do ano.

A região do sul da Califórnia tem o padrão climático menos complicado do planeta e, em minha opinião, Fritz tem uma vida mais fácil do que, digamos, o rapaz de Seattle ou o de Dallas. O fato é que existem apenas duas situações que fazem com que ele fique por cima: as chuvas ocasionais e as condições do vento de Santa Ana que nos atingem com força no outono. As chuvas exigem um pouco mais de energia de Fritz porque, infelizmente, chuva é notícia neste pedaço — nós a desejamos e a detestamos, na mesma medida. Por padrão, também somos os piores motoristas do mundo debaixo de chuva. Os utilitários esportivos estão muito presentes por aqui apenas por causa da novidade, não por necessidade. Os ventos, porém, evocam um comportamento mais sério por parte de Fritz — um comportamento apreensivo. Os ventos de Santa Ana, no sul da Califórnia, são sinônimos de perigo e devastação.

Fiquei frente a frente com os perigos que esses ventos representam na véspera de ano-novo de 1994. Recebemos amigos para a entrada do novo ano, terminamos a limpeza e fui me deitar por volta das 2 horas da manhã. Às 3 horas, ouvi a grande árvore do meu vizinho batendo na lateral de nossa casa. Era evidente que aquele vento assustador e uivante estava dando uma surra naquela árvore (e na minha casa). No início eu ouvia o vento e, ao mesmo tempo, o barulho dos ramos e, então, *bum!* Havia uma calmaria de dez segundos e, depois disso, o próximo trem de carga chegava à nossa casa. Eu estava impressionado. Mas isso mudou quando percebi que as janelas do meu quarto inspiravam e expiravam, como se fosse uma pessoa, a cada golpe de ar. Ainda deitado, mas agora bastante desperto, comecei a pensar se o vento poderia de fato implodir a janela do meu quarto. "Não!", pensei. "Não seja bobo." Dois segundos depois, CATAPUM!

Foi um sentimento surreal, beirando a negação. Imagine uma pessoa do lado de fora da minha janela no segundo andar fazendo pontaria, andando para trás e atirando um tijolo enorme através da janela bem na minha cabeça. Os ventos estavam uivando agora diante de mim por meio de um buraco dentado na janela, e minha esposa (agora bastante assustada) estava acordada e gritando.

Impulsivamente, sentei-me e, então, percebi que havia sangue escorrendo por minha face em diversos pontos. Um pedaço grande e serrilhado de vidro passou pela cortina e caiu bem na minha testa. Levantando da cama com vidro esmagado debaixo dos pés, eu disse: "Estou sangrando, querida. Vou para o hospital. Vá dormir no quarto de Cara".

Esse foi meu primeiro encontro pessoal e íntimo com o famoso "vento do Diabo" do sul da Califórnia. Também aprendi que o local onde vivíamos (no fundo de um cânion) produzia um fenômeno especial chamado "tesoura do vento de Santa Ana", ou "vento duplo do Diabo". A rajada de vento que passou por minha janela alcançou o dobro da velocidade normal, atingindo-a com velocidade entre 120 e 140 quilômetros por hora.

Os ventos de Santa Ana são considerados perigosos porque deslocam as coisas (ou arrebentam, no meu caso), mas esse perigo perde a importância em comparação com o medo de que esses ventos sejam acompanhados de incêndios induzidos por raios ou, pior ainda, por um incendiário. Na última década, você deve ter visto nos noticiários imagens fantásticas de nossos belos condomínios costeiros e nas montanhas, assim como de regiões florestais, brilhando em tons de vermelho em razão dos incêndios descontrolados que são alimentados por esses poderosos ventos. De fato, no exato momento em que estou digitando estas linhas, o céu do sul da Califórnia está mais uma vez avermelhado em catorze localidades diferentes. Os bombeiros que ficam na linha de frente estão lutando contra os ventos do Diabo e, como os investigadores de incêndios descobriram, um incendiário decidiu se aproveitar deles com uma fagulha colocada num local estratégico.

> Impulsivamente, sentei-me e, então, percebi que havia sangue escorrendo por minha face em diversos pontos.

Da minha varanda do fundo, atrás de uma cadeia de montanhas, vejo a aurora vermelha do incêndio no cânion de Santiago, ameaçando minha casa. Essa é a segunda vez que passo por isso desde que nos mudamos para cá em 1989. Também é a segunda vez que um incendiário é o culpado. Essa deve ser sua obra-prima, porque é a tempestade de fogo perfeita, além de estar simplesmente ameaçando a minha região do estado. As evacuações ligadas a esses incêndios provocados pelos ventos do Diabo no sul da Califórnia já chegaram a centenas de milhares.

Enquanto escrevo, estou grudado no televisor e, ora, vejam só, lá está Fritz, o cara, dando início à reportagem principal do noticiário *NBC Nightly News*, apresentado por Brian Williams, falando sobre as condições do vento de Santa Ana que levam a esse apocalipse de fogo. "Fritz Coleman deve ser o mais conhecido repórter do tempo de toda a Califórnia", diz William na abertura. "Ele é veterano de nossa estação da NBC em Los Angeles." Fritz pega a batuta e se sente em casa. Em essência, Fritz disse: "O que temos, Brian, é um grande sistema de alta pressão girando em sentido horário sobre os estados de Nevada, Utah e Colorado, produzindo ar quente e jogando-o na direção do sistema de baixa pressão sobre a costa do sul da Califórnia...".[1]

Brian Williams se aproveita dos comentários de Fritz e os transforma numa lição prática, chamando minha atenção para as imagens por satélite feitas recentemente do alto sobre o sul da Califórnia, que mostram a familiar região litorânea deixando escapar imensas trilhas de fumaça branca das áreas afetadas pelos incêndios. A visão da perspectiva do espaço é espetacular — lá embaixo, porém, tudo está queimando.

Hoje em dia, sou um meteorologista aposentado no que se refere aos ventos do Diabo. Creio que, depois de ter sido atingido por eles, eu queria me informar. Mas minha pequena visita ao pronto-socorro e alguns pontos não são nada quando comparados às perdas sofridas por famílias que viram sua vida desaparecer junto com a fumaça de um incêndio provocado por um incendiário. É como se o incendiário estivesse esperando por isso, visse Fritz, localizasse os pontos e ateasse fogo. O resumo é este: dois sistemas de pressão foram explorados para criar a máxima destruição.

Quem quer que tenha sido esse covarde, ele sabia que vários outros fatores funcionariam como acelerantes para o incêndio no cânion de Santiago (o que fica no fundo da minha casa). Nesse ano, choveu apenas um décimo do que era previsto. Também havia pouquíssima umidade, muita vegetação seca e árvores mortas, além de acesso difícil ao terreno montanhoso. Tendo aprendido com a história de John Orr como esses covardes pensam, sabemos que esse sujeitinho pervertido que provocou o incêndio de 65 quilômetros quadrados de extensão perto de mim está em algum lugar desfrutando disso, vendo cada pessoa correndo, fugindo e chorando. Ele adora isso. Essa sinfonia de destruição foi regida da maneira que ele havia planejado.

Quando assisto ao noticiário local e ouço Fritz dizer que existe "previsão de bandeira vermelha" para o sul de Orange County, sou *todo* ouvidos, mas não porque tenho medo de ir à luta. Tenho medo do fogo, se isso faz sentido.

Mais preocupadas que eu ficam as pessoas que serão chamadas a lutar contra as chamas. Os bombeiros de Orange County ficam em regime de alerta quando informações sobre o padrão de clima mostram alta pressão sobre estados a nordeste do sul da Califórnia e baixa pressão na costa. As equipes de ataque estão prontas para serem enviadas às áreas principais que se incendeiam e afetam estruturas, casas e vidas. Essas equipes são treinadas para estabelecer uma linha de defesa a fim de preservar as casas ameaçadas. Equipes de ataque pelo ar, envolvendo helicópteros e aeronaves, também ficam em alerta quando as condições de pressão se combinam para produzir os ventos do Diabo.

Eles acompanham o tempo com atenção quando ele está em condições normais e com atenção redobrada quando se forma o padrão do vento de Santa Ana. Esse tipo de percepção, discernimento e preparação agressiva em resposta às realidades inevitáveis de nosso clima no sul da Califórnia servem como parábola viva do que o homem de Deus pode aprender sobre como enfrentar o mal.

Sistemas de pressão perfeitos

Em termos espirituais, o homem de Deus deve ver a si mesmo sob condições favoráveis perpétuas de ventos do Diabo. Deve treinar-se para ver, ler e responder diariamente a esse ambiente espiritual volátil e fluido. Devemos estar prontos para agir antecipadamente e nos guardarmos contra sistemas específicos de pressão em atividade que criam condições perigosas. E devemos encarar o fato de que existe um covarde escondido nas trevas que jogará fósforos no combustível que essas pressões criam.

A Bíblia detalha tanto os sistemas de pressão quanto os envolvidos. Nosso "Fritz" é o apóstolo Paulo. Transmitindo diretamente do campo de batalha espiritual, ele compartilha conosco os detalhes das tempestades de fogo que assolam até hoje a vida dos homens, as forças que criam essas tempestades e desmascara o covarde que joga fósforos na mistura:

> Vocês estavam mortos em suas transgressões e pecados, nos quais costumavam viver, quando seguiam a *presente ordem deste mundo* e o *príncipe do poder do ar*, o espírito que agora está atuando nos que vivem na desobediência. Anteriormente, todos nós também vivíamos entre eles, satisfazendo as *vontades da nossa carne*, seguindo os seus desejos e pensamentos. Como os outros, éramos por natureza merecedores da ira.
>
> Efésios 2.1-3

O sistema de alta pressão do mundo

Assim como os ventos do Diabo no sul da Califórnia, existe um forte sistema de pressão espiritual na cultura contra o homem de Deus. Quando Paulo usa a palavra *kosmos*, ele quer dizer "um sistema ou uma maneira organizada de pensar que carece da influência de Deus". Esse sistema de alta pressão relacionado ao pensamento e à vida tem inspiração satânica para separar pessoas de Deus por meio de filosofias poderosas (ou "ismos"): tribalismo, culturalismo, humanismo secular, relativismo, intelectualismo, hedonismo, narcisismo, materialismo. Essas são algumas das manifestações mais poderosas da influência de Satanás no mundo. Todos esses "ismos" colocam pressão sobre os homens para que se conformem a seus objetos de adoração e coloquem crenças e práticas acima de Deus. Esses caminhos do mundo têm suas origens nos homens, mas são inspirados por aquele que é o inimigo dos homens.

Esses caminhos do mundo têm suas origens nos homens, mas são inspirados por aquele que é o inimigo dos homens.

O que devemos perceber é que os sistemas de pensar e ser do mundo estão sob o controle de Satanás. Ele é a influência dominante e controladora desses sistemas enquanto príncipe deste mundo. Sabemos disso porque, à medida que os homens se entregam a esses "ismos", eles são seduzidos a se afastar de Deus e não são capazes de reconciliar sua identidade mundana com sua fé. Não existem coisas como hedonismo, materialismo ou narcisismo cristocêntricos. As crenças do mundo são dirigidas por Satanás, são subservientes a ele e alcançam os objetivos dele.

Esses sistemas do mundo são embalados e vendidos por Satanás como opiniões populares e normas culturais predominantes ao redor do mundo. É assim que Satanás se esconde. O que é aceito na cultura pela maioria não é o Diabo, mas uma visão de vida, uma crença ou determinada perspectiva em relação às coisas. Essas normas e opiniões criam sistemas culturais de alta pressão que exigem conformidade e excluem comportamentos e crenças consistentes com a fé em Cristo. Também estão concentrados em mantê-lo centrado em si mesmo e em evitar que você se volte para Deus. Esses sistemas de crenças e os comportamentos que surgem deles *se opõem* a conhecer, seguir e servir a Jesus Cristo porque são planejados para desanimar e minimizar a importância da fé em Deus.

Por todas as épocas os homens têm tentado mesclar a crença nesses sistemas com a fé em Cristo. Isso não pode ser feito. Jesus nos disse: "Todavia, vocês não são do mundo" (Jo 15.19). Essa é uma declaração de identidade. Pouco tempo depois, João exortaria os homens de Deus a seguir o exemplo: "Não amem o mundo nem o que nele há" (1Jo 2.15). Um discípulo entende isso, e homens de Deus firmes têm passado isso adiante desde aquela primeira reunião com Jesus. O homem de Deus toma cuidado com esse sistema de alta pressão, tem consciência dele, não se deixa ser apanhado por ele e, acima de tudo, não se conforma a ele. Conformar-se seria o equivalente a ser engolido pela alta pressão — parar de agradar a Deus para agradar aos homens. São satânicos os convites culturais grandes ou pequenos que pressionam o homem de Deus a pensar ou a se comportar de maneira contraditória à fé em Deus. Eles acumulam pressão de fora, buscando abrir caminho por nossa vontade, controlá-la e direcioná-la.

O sistema de alta pressão da cultura está continuamente lançando crenças, comportamentos e identidades específicas aos homens. Ele é constante e poderoso. Mais importante, ele é direcionado *intencionalmente* aos convidativos sistemas de baixa pressão de nossa alma. Como se fosse um ímã para o ferro, o fluxo de energia maligna é inevitável e inexorável. Os ventos do Diabo do mundo, de alta pressão, são planejados para fluir na direção da baixa pressão.

O sistema de baixa pressão da carne

O sistema de alta pressão da cultura do mal ganha intensidade ao trabalhar em conjunto com o sistema de baixa pressão da natureza pecaminosa do homem. Por natureza, a combinação de sistemas de pressão cria ventos do Diabo, e Satanás usa os caminhos do mundo para criar um alvo simbiótico e sinérgico no coração dos homens. O Diabo planejou o sistema de alta pressão para que buscasse o sistema de baixa pressão de nossa carne: nossa predisposição inata a fazer o mal. Até mesmo sem Satanás, essa parte corrompida de nosso caráter continuaria pecando, ainda que não recebesse incentivo.

Ele planejou os caminhos do mundo para serem atraídos a essa falha de caráter, e ele precisa da carne para a sobrevivência e o sucesso de seu sistema. Como uma espécie de sinfonia mundial, a partitura de Satanás é planejada no aspecto de uma dança de vontades, uma sonata de almas, para cortejar nosso espírito. A carne é intensamente atraída para o mundo em todos os níveis — emocional, físico, material e espiritual. Satanás quer que o homem ame o mundo, mas a única maneira de ele fazer isso é através da carne, atiçando o homem a abandonar seu primeiro amor e a cometer adultério espiritual com o mundo e, por procuração, com o próprio Satanás. Bastante familiarizado com os apetites de nossa natureza pecaminosa, ele facilita as coisas para que o mundo se torne objeto desses desejos.

Quando o sistema de alta pressão do mundo e o sistema de baixa pressão da carne se encontram, tem-se a situação perfeita para que Satanás trabalhe. Com os ventos do Diabo soprando com força e fúria, Satanás acende sua chama na hora certa, põe fogo na vida do homem e cria uma tempestade de fogo planejada para consumir o cristão, anular seu testemunho e destruir sua obra espiritual.

Satanás foi chutado do céu, mas governa este mundo e seus sistemas. É sua versão de um pseudocéu. No mundo, ele pode receber a adoração que cobiçava no paraíso. Líderes e mais líderes se amontoam sobre as cinzas de suas tempestades de fogo, vencidos por um inimigo não visto, mas ativo. Adicione a isso a seca acelerante que se combina com seu sistema de alta pressão para intensificar seu poder, e podemos ver como o homem de Deus é capaz de, involuntariamente, criar o contexto para a tempestade de fogo perfeita com:

O homem espiritualmente seco, emocionalmente vazio, relacionalmente isolado e moralmente vulnerável *será explorado.*

- Um espírito ressecado — uma vida não regada pela Palavra de Deus.
- Isolamento — uma vida não regada pelas conexões autênticas e honestas do corpo de Cristo.
- Falta de oração — uma vida não regada pela humildade e pela fé, e substituída pelo secante da autossuficiência e do orgulho.
- Emoções negativas — uma vida não regada por amor, paz, paciência e alegria do Espírito Santo.
- Segredos — uma vida não regada pela liberdade que somente a honestidade com Deus, consigo mesmo e com outros pode fornecer.

O homem espiritualmente seco, emocionalmente vazio, relacionalmente isolado e moralmente vulnerável *será explorado.*

Conte com isso. Satanás trabalhará as pressões dentro e fora. Ao exercer suas próprias pressões com impecável noção de tempo, ele explorará todas as variáveis e consumirá o homem. Ele faz isso para obter seu céu na terra, sua própria trindade falsificada: o mundo, a carne e ele mesmo. "Satanás trabalha com imitação", destaca E. M. Bounds. "É sua política fazer algo o mais próximo possível do original e, através disso, estragar a força e o valor daquilo que é genuíno."[2]

O mímico

Essa trindade profana é o que torna nossa luta contra o mal tão altamente pessoal e significativa. A imitação barata da trindade feita por Satanás precisa de *nossa cumplicidade e da cooperação da carne* para ser completa. A maneira mais simples e efetiva de pôr fim a essa pseudotrindade é dar ouvidos à Palavra em vez de ouvir o mundo. Sempre que existir uma questão moral ou relacional em nossa vida, não devemos ouvir o mundo em busca de direção e, assim, permitir que as condições para ocorrência do vento do Diabo em nossa vida alimentem nossa carne, reduzam o poder de Deus em nossa vida e substituam a operação da Trindade verdadeira e santa.

Quando o homem de Deus entende a estratégia de Satanás, existe menor probabilidade de ele tomar parte nela. Seja qual for a condição espiritual, nenhum homem *gosta* de ser aliciado como um imbecil qualquer para benefício e gratificação de outra pessoa. Satanás, aquele que pretendia ser Deus, tentou vender essa ideia a Jesus, mas ele não mordeu a isca, e seus homens também não o farão. Satanás está derrotado, mas ele está na fase da negação. Ele aceita a glória ao fazer os homens exaltarem o mundo sem referência a Deus. Ele aceita sua pseudoadoração porque seu caráter não permitirá que ele seja adorado por quem ele realmente é. Adoração satânica direta não é sedutora para as massas. Ele recebe uma adoração substitutiva muito maior através de seu servo, o mundo.

Nessa pretensa versão da trindade, Satanás assume o papel de mente criativa, tornando-se como Deus. O homem, através de sua carne, se torna a expressão encarnada dessa mente em lugar de Jesus. E o mundo, com seu sistema de filosofias ímpias, se torna o agente e o poder ativo, enchendo e fortalecendo o homem por dentro, no lugar do Espírito Santo. O plano de Deus para o homem é a redenção e o relacionamento através do Filho. O plano de Satanás é o de vingança e retribuição — colocar a culpa em Deus e criar separação de seus filhos —, a velha tática terrorista de ferir um pai ao sequestrar seus filhos.

Esse é o contexto para realmente discernir as atividades de Satanás e tudo o que temos aprendido neste capítulo. Quando vemos a *verdadeira motivação* e descobrimos que ela é ignóbil, egoísta e narcisista, percebemos algo fundamental.

Agora você conhece Satanás no nível mais profundo. O que acha?

Não sou repórter do tempo, mas quero ser um Fritz em sua vida. Quero que você entenda o terreno espiritual, a paisagem, os fatores amplificadores, o regente insidioso desse réquiem que tenta nos fazer tocar sua música. Na condição de homem de Deus como você e colega da equipe de ataque a incêndios, sou designado para lutar contra as chamas da conflagração maligna de Satanás. Estou lhe dizendo que se prepare para as pressões em ação. Não seja explorado. Antecipe-se à pressão do mundo com uma forte identidade com Cristo, lealdade a ele e serviço prestado ao Senhor. Antecipe-se à carne reconhecendo honestamente suas fraquezas, estando aberto à ajuda da parte de Deus e das pessoas e rearranjando sua vida de modo que o pecado não mais lhe pareça bom.

Você deve fazer isso porque *você* (bata no peito mais uma vez por mim) está na linha de frente dessa condição de incêndio descontrolado na terra no atual período entre as eternidades. Embora as chamas sejam ameaçadoras e imprevisíveis, *você* deve defender e salvar.

Seu *próprio* discernimento dos ventos do Diabo é crítico. *Você* deve entender suas próprias condições de tempestade de fogo, as pressões altas e baixas e as maneiras particulares por meio das quais o Incendiário vem explorá-lo. Você não deve piorar as condições de sua própria vida ficando espiritualmente isolado e seco, perdendo assim suas conexões saudáveis com a Palavra de Deus e com outros homens de Deus. Há outras pessoas que esperam que você seja sábio, forte, capaz, treinado e presente *em favor delas*. Precisamos ser claros: a *terra* é uma tempestade de fogo de luta espiritual, e você está no meio dela. Deus nos chamou para lutar contra esse fogo com toda a energia e sabedoria. E, com maior discernimento, vem maior confiança no meio das chamas.

Lembre-se: seu repórter do tempo espiritual disse que seria assim.

10

Não é um enigma: parte 1

Sabe tu que o antigo inimigo procura por todos os meios atrapalhar teu desejo de ser bom e manter-te longe de todos os exercícios religiosos [...]. Muitos pensamentos malignos são sugeridos a ti por ele, a fim de que ele possa causar cansaço e horror em ti.
THOMAS À KEMPIS

Em abril de 1941, na costa da Noruega, um inocente pescador alemão foi pego carregando uma carga preciosa: duas máquinas Enigma e os parâmetros da máquina do mês anterior. Essas máquinas, com a aparência de simples máquinas de escrever, continham o segredo das comunicações nazistas codificadas, até então impenetráveis pelos Aliados. A tecnologia era tão simples quanto complexa, fornecendo inúmeras permutações de códigos. Os operadores alemães da Enigma podiam digitar uma mensagem, embaralhá-la e usar a máquina receptora para desembaralhar o texto por meio dos parâmetros específicos.

A pedra de Roseta dos códigos da Enigma era a máquina, e a chave eram seus parâmetros mensais. O resultado é que esse foi o presente que continuou dando vitórias às forças aliadas e que, por fim, levou a derrotas significativas dos nazistas.

Uma vez capturada, a Enigma deixava de ser um quebra-cabeça e se transformava num mapa para prever as operações nazistas no mar, na terra e no ar. Pouco depois, algumas outras máquinas e livros de códigos foram capturados de navios alemães e estudados pela hoje famosa escola britânica de códigos e cifras em Bletchley Park. Inúmeros matemáticos e analistas trabalharam com sucesso em decifrar os parâmetros da Enigma e passaram adiante a informação para os estrategistas militares aliados. Entre alguns dos grandes resultados, destacam-se:

- Exposição da preparação militar alemã anterior à invasão da Grécia.
- Uma emboscada aliada coordenada que permitiu a captura de embarcações U-boat alemães que interrompiam rotas aliadas no Atlântico norte.
- Interceptação das comunicações do general Erwin Rommel a Roma e a Berlim vindas do norte da África.
- Interceptações que permitiram aos decifradores de códigos aliados direcionar navios para longe de águas perigosas onde os U-boats alemães atacavam.
- Impedimento da perda do Egito para as forças alemãs em 1942, o que, dizem os historiadores, teria atrapalhado o cronograma de invasão da França.

Como disse o general britânico Harold Alexander: "O conhecimento não apenas da força precisa e da disposição do inimigo, mas também de como, quando e onde ele pretende realizar suas operações trouxe uma nova dimensão ao desenrolar da guerra".[1]

A lição? Na guerra, a previsibilidade significa sucesso.

Padrões previsíveis

A Bíblia parte do princípio de que o homem de Deus decifrou o código de Satanás e sabe seus movimentos com antecedência. "Pois não ignoramos as suas intenções", diz Paulo em 2Coríntios 2.11.

Somente os tolos que *querem* ser derrotados não prestam atenção no que estão se metendo. Os homens não medem esforços para predizer os movimentos da competição nos negócios, na política e nos esportes. Pense em Patton lendo os livros de Rommel sobre a guerra com tanques. Pense no técnico dos Patriots, Bill Belichick, filmando sinais dos coordenadores de defesa dos times adversários. Pense nas negociações baseadas em informações privilegiadas de Wall Street. Pense na CIA, na Interpol e no Mossad — todos esses esforços apenas para prever o próximo movimento do inimigo.

Os homens de Deus aprendem a discernir Satanás de três maneiras. Primeiro, nós o detectamos através de seus traços de caráter fundamentais. Ele deixa impressões digitais. Perceber essas características nos fornece informações. Ao nos familiarizarmos com *quem ele é*, podemos aprender a ficar com a pulga atrás da orelha. Isso aumenta nossa percepção espiritual por intuição e inferência.

O segundo método se baseia na compreensão dos instrumentos do mal que ele usa para manipular e destruir homens de dentro e de fora. Aprendemos sobre suas redes de poder, suas conexões e associações com culturas e homens. Ele precisa ter como sua base de operações um sistema mundial em comum acordo com os impulsos obscuros que você tem. Obtemos vantagens no mundo inferior ao aprender como o mundo, a carne e o Diabo criam juntos uma trinca de problemas e um poderoso eixo do mal.

A terceira forma pela qual reconhecemos Satanás é por meio da observação e do estudo. Isso é guerra através de informações de inteligência e da observação de padrões que se repetem. Estudamos o filme de suas interações com os homens. Dissecamos seus ângulos de ataque. Tomamos notas mentais das estratégias que ele prefere e usa com sucesso. Levantamos nossa consciência e procuramos por ocasiões em que ele tenha usado os mesmos planos de diversas formas. Isso é o que a Bíblia quer dizer quando fala que o homem de Deus conhece bem "tudo o que ele [Satanás] está procurando fazer" (2Co 2.11, NBV). Literalmente, conhecemos seu manual de estratégias, e o jogo começa para nós.

Os beques da Liga Nacional de Futebol Americano chamam de "antecipar um caminho" o momento em que reconhecem, antes da jogada, determinada formação para receber um passe. Eles enganam o zagueiro do time oposto, fazendo-o pensar que não sabem o que vai acontecer, deixam-no seguir com a jogada e, depois, interceptam o passe. O mesmo faz o pivô do basquete, assim como zagueiros experientes de futebol. Quando roubam a bola, esses caras parecem tão rápidos que ficamos com a impressão de que eles sabem quais são as intenções de seus oponentes. Pelo menos 50% dessa rapidez é mental. Esses caras estão pensando um passo à frente, antecipando os movimentos dos oponentes.

O homem de Deus é chamado a antecipar o caminho do inimigo. Está tudo ali no livro de estratégias. Espiritualmente, isso significa que devemos esperar seus movimentos, discerni-los antes do tempo e nos movermos para antecipar e confrontar — ou para nos prepararmos para receber um golpe em nome de um propósito mais elevado. Ele está chegando, e é criativo. Os movimentos de Satanás estão preparados, são bem cronometrados, organizados e detalhados. Ele não está com pressa. Como aprendemos, ele espera pelas condições certas. Seu *timing* é impecável e, na maior parte do tempo, ele é, no início, um verdadeiro cavalheiro.

Portanto, estude essas jogadas. São as que ele usa muitas e muitas vezes. Tenha certeza de que elas acontecerão no âmbito da mente.

Espere por sugestão mental

Todo pensamento que o incentive a violar a vontade expressa de Deus vem de Satanás. Ele entende o poder da sugestão, e sabe que tem um amigo dentro de você: seu lado escuro que clama por satisfação. As sugestões de Satanás são sempre gratificantes nos aspectos intelectual, emocional, sensual e físico. As sugestões dele sempre miram a necessidade que você tem no momento — algo novo, confortante, calmante, intrigante ou que traz satisfação. Toda sugestão está grávida de dor, mas ela nunca é revelada.

> ***Lutando***
> *Satanás coloca a opinião pessoal acima da Palavra falada de Deus. Ele sempre sugere uma falta de justiça, de equidade e de favor nos caminhos de Deus. Ele sempre deixará implícito que você perderá alguma coisa se não agir, o que justifica seu impulso carnal no momento, e parece razoável. Satanás adora as áreas cinzentas, que embaçam os contornos e abafam a voz de Deus.*

Veja como ele deu um olé em Eva:

"Foi *isto mesmo* que Deus disse: 'Não comam de nenhum fruto das árvores do jardim'? [...] Certamente não morrerão! Deus sabe que, no dia em que dele comerem, seus olhos se abrirão, e vocês, como Deus, serão conhecedores do bem e do mal".

Gênesis 3.1,4-5

Tradução: "Deus não lhes contou toda a verdade. Se seguir no caminho dele, você vai sair perdendo. Ele está impedindo seu desenvolvimento e sua satisfação. Confie em você mesmo. Não está curioso?".

O homem de Deus deve contra-atacar de maneira audível, dizendo: "Cada palavra de Deus é comprovadamente pura; ele é um escudo para quem nele se refugia. *Nada acrescente às palavras dele*, do contrário ele o repreenderá e mostrará que você é mentiroso" (Pv 30.5-6). O homem de Deus adora a instrução clara, as fronteiras claras para protegê-lo e amplificar a voz de Deus, bem como a alegria da obediência. Se Deus sentir necessidade de abrir o coração para o homem em relação a alguma coisa, nenhuma outra opinião é importante. Esteja pronto para responder à sugestão com fatos. Dê um empurrão em todas as sugestões feitas por Satanás por meio de uma resposta simples e esmagadora.

Existem apenas duas respostas possíveis: *consideração* ou *supressão*. Eva usou a primeira, e Jesus usou a segunda, respondendo audivelmente todas as vezes.

Satanás diz: "*Se* és o Filho de Deus, *manda* esta pedra transformar-se em pão" (Lc 4.3). Jesus contra-ataca audivelmente com a frase "Nem só de pão viverá o homem" (v. 4). O Deus-homem apresenta ao Mestre da Sugestão um pouco de sua ideia sobre o assunto: a mente de Deus. Isso põe fim à discussão sobre essa tentação e reafirma seu compromisso com Deus. Não sei quanto tempo durou a pausa entre a sugestão e a resposta. As Escrituras simplesmente dizem "Jesus respondeu". Jesus esmagou as palavras de Satanás e formulou um importante princípio de nossa luta contra o mal.

> ***Lutando***
> *Para cada sugestão que seja contrária à Palavra de Deus, existe uma resposta dentro da Palavra de Deus.*

A grande pergunta é: você tem balas no seu tambor? Jesus puxa o gatilho, e você ouve *Bang! Bang! Bang!* Se você não carregar o tambor de seu coração com suficiente munição das Escrituras, a sugestão virá, e tudo o que você ouvirá como resposta será *Click! Click! Click!* Você consegue imaginar um atirador de elite dizendo a seu sargento de armas algo como "Opa, desculpe aí, sargento. Esqueci-me de trazer aquelas coisas pontiagudas"? Sinto-me estúpido só em dizer isso, quanto mais em fazê-lo. Isso não é um soldado; é um homem morto.

Não, um homem de Deus lutador contra-ataca audivelmente toda sugestão satânica com uma proclamação santa: "A boca do justo profere sabedoria", relata o salmista. "Ele traz no coração a lei do seu Deus; nunca pisará em falso" (Sl 37.30-31). *Pow!* Um puxão bem direcionado e confiante no gatilho santo será suficiente. O homem de Deus não aceita a sugestão satânica; ele a mata com intenção e propósito. Ele não pode pronunciar a Palavra de Deus e transgredi-la ao mesmo tempo. Sempre saúde o Sultão da Sugestão com uma Palavra de boas-vindas.

Espere por tentação moral

Você não preocupa Satanás quando está tomando café da manhã, escovando os dentes ou fazendo um *pit stop*. Essas são funções físicas que não afetam seu relacionamento com Deus e as pessoas. Contudo, no momento em que você cruza o mundo onde seu caráter pode se expressar por meio de conduta, ele está ali. Satanás monta a tentação moral de modo que ela se encaixe como uma luva em você. Através de modos maliciosos e perversos, ele procura satisfazer as necessidades específicas de seu "consumidor". Ele faz a lição de casa, analisa seu passado, examina suas inseguranças, estuda suas tendências, considera suas vulnerabilidades, pesquisa seus gatilhos e investiga suas maneiras menos nobres de lidar com pressão, estresse e responsabilidade. Satanás jamais tenta um homem *acidentalmente*. Isso significa que sua noção de tempo sempre se junta com o que está acontecendo *dentro de um homem em determinado momento*. Pense nisso.

Assista ao filme, estude a abordagem e identifique o objetivo.

Satanás se volta para Davi: "Uma tarde Davi levantou-se da cama e foi passear pelo terraço do palácio. Do terraço viu uma mulher muito bonita tomando banho, e mandou alguém procurar saber quem era" (2Sm 11.2-3). Satanás pensou: "Vejamos. Homem, estimulado pela visão, poderoso, tipo conquistador, bem-sucedido, bem posicionado, acostumado a obter o que quer, pressionado por uma guerra. Ainda não. Ele precisa conquistar alguma coisa. Já sei! Bonitona nua tomando banho. Perfeito".

Veja sua armadilha: "Na primavera, *época em que os reis saíam para a guerra*, Davi enviou para a batalha Joabe com seus oficiais e todo o exército de Israel; e eles derrotaram os amonitas e cercaram Rabá. *Mas Davi permaneceu em Jerusalém*" (2Sm 11.1). Insone entediado que não faz o que deveria fazer. "Dê uma caminhada, Davi. Tome um pouco de ar fresco. Esvazie a cabeça. Aqui. Isso deve ocupar seu tempo por uns instantes. Olhe ali!". Diferentemente do que aconteceu com Eva, Satanás não precisou incutir dúvidas sobre a bondade de Deus. O isolamento de Davi, seu estado emocional e o jeito masculino de ser foram suficientes para criar uma emboscada da carne.

> Qual era o objetivo de Satanás? Apresentar a promessa de satisfação profunda fora da vontade de Deus e introduzir uma segunda vontade.

Qual era o objetivo de Satanás? Apresentar a promessa de satisfação profunda fora da vontade de Deus e introduzir uma segunda vontade: a de Davi. Explorar o momento, sua posição como rei, seu direito, as fraquezas de seu gênero, sua solidão, seu enfado e sua falta de propósito. *Bum*! Uma cunha é introduzida entre Davi e Deus. Satanás coloca os explosivos para detonar, com consequências que seguirão a partir daquele momento por anos de culpa, vergonha e problemas.

Satanás não perdeu a oportunidade. Recebeu o pagamento pelo planejamento, pelo *timing* e pela execução impecável. Alvo selecionado é tudo para Satanás. Lembre-se: ele atacou Jesus com aquela sugestão de transformar pedra em pão somente *depois* de Jesus estar com fome. As Escrituras nos dizem especificamente que Satanás sabe quando um homem está mais vulnerável.

"Tendo terminado todas essas tentações, o Diabo o deixou *até ocasião oportuna*" (Lc 4.13).

Tradução: Satanás nunca desperdiça uma tentação. Ele acredita que será bem-sucedido por causa de seu planejamento meticuloso, do *timing* e das táticas. Sua compreensão da natureza do homem e sua astronômica taxa de sucesso não abalam sua confiança. Segundo Oswald Chambers:

> A disposição interior de um homem, ou seja, aquilo que ele possui em sua personalidade, determina como ele será tentado do lado de fora. A tentação se encaixa na natureza daquele que é tentado, e revela as possibilidades da natureza. Todo homem possui a configuração de sua própria tentação, e a tentação surgirá na mesma linha da disposição predominante.[2]

O que quer que esteja controlando suas emoções no momento será usado contra você quando ele atacar. De fato, é possível prever com alto grau de certeza quando Satanás atacará se responder às perguntas a seguir:

- Onde estou quando sou mais tentado ou quando fico mais vulnerável?
- Com quem estou? Ou com quem não estou?
- Como estou me sentindo? (Cansado, solitário, entediado, estressado, confuso, irritado, oprimido, desanimado etc.)
- Em que momento do dia?
- Estou em conflito com alguém?
- Quais são minhas principais inseguranças, temores ou desencadeadores de reação?
- Quais situações me colocam na defensiva?

Aprenda quais são as respostas a essas perguntas e tome precauções, porque Satanás certamente sabe as respostas, ainda que você não saiba! Conheça a si mesmo e determine em que momento você é vulnerável para que possa se precaver contra o ataque. Se pensa que isso não vai acontecer com você, lembre-se: Davi era *o cara*. Pergunte aos diversos maridos, pais, pastores e líderes cristãos no corpo de Cristo que conhecem Deus e o amam, mas que perderam tudo porque tinham um ponto cego que Satanás planejava explorar. Eles nunca perceberam sua chegada. Satanás faz o dever de casa *dele* mesmo quando *nós* não fazemos.

Não há como fugir da zona de testes da tentação. Deus disse que isso aconteceria — e, de fato, isso é necessário para que se desenvolva um homem de verdade e ele seja levado a um serviço maior. Não é pecado ser tentado. Jesus foi tentado de todas as maneiras. O necessário é que os homens de Deus saibam que isso vai acontecer, que se antecipem, que resistam e não cedam ao convite do Tentador.

Você *enfrentará* tentação. A pergunta é: você é um homem de quem? Está enfrentando hoje os mesmos tipos de tentação que enfrentava anos atrás? A natureza estática ou mutante das tentações que você enfrenta reflete seu crescimento em Cristo e como homem.

Impedir a submissão de certa área de sua vida é garantia de estagnação espiritual. À medida que seu caráter cresce e muda, os ataques também mudam. Satanás não ataca um bebê em Cristo do mesmo modo que ataca um soldado maduro e disciplinado. As táticas mudam com base em sua resolução e em sua disposição espiritual. Ele só muda suas táticas se não puder continuar a mantê-lo refém através de paixões impuras que ele já tenha explorado anteriormente.

Preste atenção nisto: o plano de Deus não é que você se torne imune à luta, mas que tenha vitória sobre a tentação. Deus disse aos homens de Israel que lhes daria a terra e que seriam vitoriosos. Muitos dos que ouviram essa promessa ficaram exultantes. Mas foram da exultação para o desânimo quando perceberam que precisavam se vestir, comparecer e juntar-se a outras pessoas para receber a terra. Eles queriam que Deus simplesmente lhes desse a propriedade. Que bem isso faria? Eles a teriam apreciado tanto quanto da maneira que a receberam? E será que, se ela fosse entregue diretamente, a fé que seu Comandante estava realmente procurando seria produzida?

Você já é vitorioso sobre Satanás em Cristo. Deus não apenas disse isso, como Cristo o realizou. A segunda parte é mais difícil de engolir — ela exige fé. Ou seja, embora eu e você já sejamos vitoriosos, ainda não podemos fugir da batalha. Devemos enfrentar a luta com esta promessa de Cristo amarrada debaixo de nosso cinto: ele nos deu poder sobre nosso inimigo, e nos ajudará a alcançar a vitória. Os homens que entendem isso são elogiados nas Escrituras como possuidores de um espírito distinto.

Precisamos de guerreiros que saibam discernir o mal, que caminhem em vitória sobre o inimigo, que estejam dispostos a se apresentar todas as vezes. Percebo que apenas uns poucos terão esse tipo de espírito, mas estou orando para que você seja um deles. Atreva-se a submeter-se à promessa de Deus não apenas em seu conforto, mas numa disposição de *lutar*.

Veja o filme sobre como Calebe respondeu à promessa ao correr para a batalha.

> Ao fim de quarenta dias eles voltaram da missão de reconhecimento daquela terra [...]
>
> E deram o seguinte relatório a Moisés: "Entramos na terra à qual você nos enviou, onde manam leite e mel! Aqui estão

alguns frutos dela. Mas o povo que lá vive é poderoso, e as cidades são fortificadas e muito grandes [...]

Então Calebe fez o povo calar-se perante Moisés e disse: "Subamos e tomemos posse da terra. É certo que venceremos!"

Mas os homens que tinham ido com ele disseram: "Não podemos atacar aquele povo; é mais forte do que nós" [...]

Josué, filho de Num, e Calebe, filho de Jefoné, dentre os que haviam observado a terra, rasgaram as suas vestes e disseram a toda a comunidade dos israelitas: "A terra que percorremos em missão de reconhecimento é excelente. Se o SENHOR se agradar de nós, ele nos fará entrar nessa terra, onde manam leite e mel, e a dará a nós. Somente não sejam rebeldes contra o SENHOR. E não tenham medo do povo da terra, porque nós os devoraremos como se fossem pão. A proteção deles se foi, mas o SENHOR está conosco. Não tenham medo deles!".

Números 13.25,27-28,30-31; 14.6-9

É bom crer na vitória de Cristo sobre Satanás na cruz. Todos nós precisamos crer nessa promessa de derrota final de Satanás. Algo muito diferente, porém, é caminhar de acordo com essa promessa e lutar quando você está em menor número, tem menos homens e se vê em desigualdade em todos os aspectos. Jesus disse a seus rapazes que eles já haviam vencido, mas quantos estão prontos a caminhar de acordo com essa promessa e realmente lutar? "Eu lhes dei autoridade para pisarem sobre cobras e escorpiões, *e sobre todo o poder do inimigo; nada lhes fará dano*" (Lc 10.19-20). Em outras palavras, "Vocês já venceram em virtude de sua salvação, e isso não vem de vocês, mas de *mim*. Não sejam enganados por Satanás, e apeguem-se ao poder. Apenas caminhem de acordo com minha promessa. Tenham fé!".

Calebe optou por não se concentrar no inimigo, mas na promessa de Deus. Um homem de Deus lutador não se acovarda diante do Diabo; ele está absorvido pela ideia da vitória que sabe que Deus já conquistou. *Esse* tipo de homem é uma força impossível de ser detida, o tipo de lutador motivado que Deus está procurando. Ouça o que Deus diz sobre Calebe: "Mas, como o meu servo Calebe *tem outro espírito e me segue com integridade*, eu o farei entrar na terra que foi observar, e seus descendentes a herdarão" (Nm 14.24). Que outro espírito Calebe tinha? Uma disposição de lutar e de experimentar a vitória prometida *através da luta*. Ele rejeitou o caminho fácil que o Diabo sempre oferece e se colocou a favor da obra de Deus, nele e através dele.

É de esperar que sugestões satânicas venham a nós todos os dias, de todos os lados e com grande intensidade. Estamos *na terra* e devemos lutar com a garantia da direção de Deus. Se pudermos sacrificar nosso medo sobre o altar, os esquemas de Satanás não serão um enigma. Lembre-se da ficha dele e da promessa de triunfo da parte de Deus.

Estamos quase prontos para entrar na guerra. Mas ainda existem três outros níveis de estratégia satânica a desvendar; portanto, fique comigo.

Avante...

11

Não é um enigma: parte 2

Aqueles que servem a Deus são os que chamam
a atenção de Satanás, provocam sua ira e fazem
que suas estratégias entrem em ação.
E. M. Bounds

Você já pensou no termo *passivo-agressivo*? São palavras que não deveriam andar juntas, mas que de fato descrevem uma abordagem relacional na qual uma pessoa pode estar sorrindo por fora, apertando sua mão, fazendo promessas, até mesmo elogiando você, enquanto, ao mesmo tempo, está obstruindo seu progresso, roubando de você, sabotando você e possivelmente planejando sua destruição.

Pense no sociopata motivado por vingança que bajula alguém que o feriu no passado e com quem dá uma de camarada para se aproximar, de modo que possa retribuir a ferida que a pessoa causou. Pense no cafetão que atrai a menina fugitiva de 15 anos para sua teia ao fazer o papel de figura paterna, oferecendo proteção e provisão diante de um mundo hostil, apenas para ganhar controle sobre ela e usá-la como escrava humana. Essas são as expressões óbvias, mas a mentalidade também pode ser sutil: *faça o que for preciso para criar um vínculo com o intuito de obter controle e destruir.*

O passivo-agressivo pode enviar mensagens ambíguas ou fazer grandes promessas para ajudar, mas, depois, atrasa a entrega, normalmente sem nunca ter de fato a intenção de cumprir o que prometera. Ele transforma a vida de uma pessoa num inferno, ao mesmo tempo que monta uma armadilha para garantir que a pessoa ainda precisa dele. Chamamos isso de *dormir com o inimigo*. E, em determinado ponto, quando o objeto dessa agressão deformada percebe o que está acontecendo e o agressor reconhece esse conhecimento, o jogo passa de cordial para abertamente hostil.

Essa é a progressão que acontece com a estratégia de Satanás. A sugestão e a tentação são suas táticas amigáveis que realizam sua missão passivo-agressiva em nossa vida. Ele age como um melhor amigo para tranquilizar e acariciar nossa carne pecaminosa, para oferecer ideias e soluções que mexem com nossos impulsos obscuros e para nos dar uma *overdose* de prazer. Depois de nos aliciar, ele deixa de ser o cafetão amigo para se tornar acusador, servindo generosas porções de culpa e de vergonha para dar continuidade ao ciclo. "Rapaz, veja o que você está se tornando. Deve estar se sentindo horrível. Aqui, experimente isto".

Satanás se torna amigo apenas até esse ponto. A sugestão e a tentação têm um lado positivo curto e breve, o qual termina abruptamente com *você* pagando o pato e sofrendo as consequências. Assim que você morde a isca, Satanás cai fora, missão cumprida. Sua carne e o mundo assumem daí para a frente. Um grande número de homens de Deus pensa que é possível brincar com o Diabo em seu próprio jogo, mas eles terminam fisgados na fase das consequências, com demônios manipulando suas emoções para mantê-los presos na armadilha.

A sugestão e a tentação são as linhas de maior sucesso de Satanás, e elas têm produzido resultados fantásticos há milhares de anos.

Mas existem mais coisas. Como era previsto, esse ciclo progressivo continua, indo na direção da hostilidade aberta.

É previsível porque tudo o que ele tem são aqueles mesmos aparatos para usar individualmente ou em combinação. Mas não se deixe tentar a crer que isso o torna facilmente detectável. Mesmo que o faça, você ainda terá de fazer algo com a informação. É para isso que serve a terceira parte deste livro, que trata da confrontação. Assim que estejamos conscientes de sua habilidade e familiarizados com ela de modo que não seja mais um enigma, vamos nos concentrar no contra-ataque. Contudo, por ora, apresentamos aqui as peças finais que ensinam como se *antecipar* a ele.

Espere racionalização mental

Toda vez que você pensar em boas razões para fazer coisas ruins (especialmente aquelas que tiverem aparência religiosa), dê uma olhada por cima do seu ombro. A racionalização é a maneira mais produtiva de Satanás para incentivar que você engane a si mesmo. Essa lógica inspirada no mal fornece cobertura segura para que Satanás se esconda em seus pensamentos. Com o incentivo dele, um pequeno advogado em sua cabeça se levantará para defender com unhas e dentes uma atitude ou uma ação que seja inconsistente com sua fé, com a Bíblia e com o exemplo de Cristo. A voz oferece justificativas racionais, lógicas e apaixonadas para o comportamento imoral.

> Ele sabe qual é a lógica exata que se encaixa na agenda da carne e cria de imediato uma refutação contra a consciência.

E, pior ainda, o pequeno advogado se parece muito com você. Na verdade, ele *é* você, mas está sendo incentivado por Satanás com uma enorme quantidade de munição lógica. Não precisamos nos surpreender com o fato de homens se tornarem tão espertos e tão estúpidos ao mesmo tempo. Todos nós podemos justificar nosso comportamento errado e nos tornarmos suficientemente estúpidos para crer em nossa própria lógica. Satanás calcula que, se somos estúpidos o suficiente para nos enforcarmos com nosso próprio laço da autoilusão, então o mínimo que ele pode fazer é fornecer a corda da racionalização.

A grande inteligência de Satanás faz dele um sofisticado engenheiro do engano. Ele é um *artista* da mentira, tanto desonesto quanto deliberado. Ele sabe qual é a lógica exata que se encaixa na agenda da carne e cria de imediato uma refutação contra a consciência.

Pense em Ananias e Safira ("A & S"). Eles veem as pessoas receber muita atenção por realizar obras de caridade na igreja primitiva e querem participar da brincadeira. Durante esse grande nascimento da igreja, Deus inspirou cristãos a fazer coisas radicais como vender suas casas e distribuir o dinheiro para pessoas necessitadas. Foi um enorme derramamento de generosidade. A & S viam tudo isso acontecendo e, de repente, sentem-se inspirados a aliciar a situação em busca de algum reconhecimento *e* de algum lucro. Vamos estudar o filme do casal.

> Um homem chamado Ananias, com Safira, sua mulher, também vendeu uma propriedade. Ele reteve parte do dinheiro para si, sabendo disso também sua mulher; e o restante levou e colocou aos pés dos apóstolos.
>
> Então perguntou Pedro: "Ananias, como você permitiu que Satanás enchesse o seu coração, a ponto de você mentir ao Espírito Santo e guardar para si uma parte do dinheiro que recebeu pela propriedade? Ela não lhe pertencia? E, depois de vendida, o dinheiro não estava em seu poder? O que o levou a pensar em fazer tal coisa? Você não mentiu aos homens, mas sim a Deus".
>
> Atos 5.1-4

Poético, não? Foi vendida a A & S uma lógica maligna, que eles, por sua vez, venderam a si mesmos e, então, foram adiante, tentando vendê-la a Deus. Naturalmente ele não poderia comprá-la. Ficou claro que o Maligno explorou o que já havia dentro dos dois, usando uma lógica pervertida para danificar o poder e o ministério da igreja primitiva em Jerusalém. E Pedro os pega na mentira, colocando o *pensamento e a lógica* em julgamento a fim de expor Satanás. Ele percebe mentiras racionais sendo engolidas. Alguma coisa lhe deu a informação, e ele sabia que Satanás adora explorar a lógica e a racionalização humana porque isso o ajuda a alcançar seu principal objetivo: *introduzir uma segunda vontade, uma que seja diferente da de Deus.*

A racionalização do mal nos leva pela estrada que conduz do bom ao ótimo. Boas razões, boas validações e boas desculpas são os ingredientes perfeitos para o Grande Mentiroso colocar em prática seu mal artístico em nossa vida. Devemos enxergar *a nós mesmos* em Ananias e Safira. Somos feitos do mesmo material: emoções, inseguranças, necessidades, desejos, temores e orgulho que a lógica e o engano malignos podem explorar para criar separação entre 1) você e Deus, 2) você e as pessoas e 3) você e seu propósito.

O combate ao engano satânico e à racionalização sempre começa com a disposição de ter um encontro de verdade com Deus, consigo mesmo e com os outros. Quando recusamos a verdade, deixamos a porta escancarada para o engano e a destruição. Satanás criará um engano sob medida para sua disposição interior e seu relacionamento com a verdade. Lembre-se: ele está em qualquer parte escura de seu caráter que ainda não tenha cedido à verdade.

A solução? Mate seu orgulho e ame a verdade até não poder mais. Dê preferência à autenticidade. Opte pela abertura. Favoreça a admissão em lugar da defesa. Apoie a autoridade das Escrituras em sua vida e discipline-se a parar de se envolver com a fantasia. Aceite as pessoas e as coisas *como elas são,* em lugar de como você gostaria que elas fossem. Lide com as coisas difíceis e não negue a presença delas. Abrace a veracidade do Espírito Santo e questione a bondade de sua carne. Deixe que os fatos falem e confie que a solução virá de Deus. Rejeite e repreenda as boas razões para fazer coisas egoístas e malignas. Esses são comportamentos de luta do homem de Deus.

Espere acusações vindas de dentro

Um promotor pergunta à testemunha:

— Você vê a pessoa responsável pelo crime nesta sala?

E, em câmera lenta, a testemunha aponta para o réu e diz:

— Ele está bem ali.

Então, o promotor diz:

— Que fique registrado que a testemunha identificou o sr. Sem Sorte como aquele que estava presente na cena do crime.

Fazer com que a testemunha *aponte o dedo* pode não ser conclusivo, mas é *bastante persuasivo*. Isso planta uma imagem na cabeça do júri, da qual os jurados não conseguirão se livrar durante as deliberações. Quanto mais chances um promotor tiver para enfraquecer ou desacreditar o caráter do réu, melhor fica seu caso.

Para Satanás, dar tiros certeiros no caráter do homem de Deus é uma forma de arte. Golpes abaixo da cintura? Com certeza. Vamos estudar o filme das acusações de Satanás no livro de Jó.

- Declaração de abertura de Deus: "Reparou em meu servo Jó? Não há ninguém na terra como ele, irrepreensível, íntegro, homem que teme a Deus e evita o mal".
- Réplica do acusador: "Será que Jó não tem razões para temer a Deus? [...] Acaso não puseste uma cerca em volta dele, da família dele e de tudo o que ele possui? Tu mesmo tens abençoado tudo o que ele faz, de modo que os seus rebanhos estão espalhados

por toda a terra. Mas estende a tua mão e fere tudo o que ele tem, e com certeza ele te amaldiçoará na tua face" (Jó 1.8-11).

No mundo espiritual, Satanás é uma dessas criaturas que adora ir ao tribunal de pequenas causas para encontrar defeito em tudo. A Bíblia o coroou como o Rei das Uvas Amargas, aquele que é "o acusador dos nossos irmãos, que os acusa diante do nosso Deus, dia e noite" (Ap 12.10). Não se esqueça de uma coisa: apontar incansavelmente o dedo para o povo de Deus é a descrição de função de Satanás. Emocionalmente, ele é semelhante a um tornado de categoria 5 girando cheio de ódio, fazendo grandes barulhos de sucção, arrancando pessoas do chão pela raiz, desalojando-as sem misericórdia, jogando-as para todo lado e lançando-as em alguma plantação emocional distante. *Isso* é o que o Diabo se propõe a fazer todos os dias com o povo de Deus sempre e em todo lugar em que as oportunidades surgirem.

Deus permite que ele apresente esses argumentos, mas os despreza, por causa da representação do cristão em Cristo. Temos um "Advogado junto ao Pai" (1Jo 2.1, RA) que nos fornece imunidade total contra quaisquer acusações. Quando Satanás se apresenta no tribunal da opinião divina, nada do que ele diz cola. *Contudo*, quando Satanás coloca o homem em julgamento diante do homem, a história é diferente. Muitos de nós temos questões do passado, alguns têm arrependimentos e *todos nós* temos dúvidas interiores, inseguranças, fragilidades, feridas, defeitos e temores. Esses acessórios da natureza decaída atuam como um adesivo para o Acusador colar acusações em nosso espírito e nos desanimar. Quando um homem recebe uma dose sadia de autocomiseração, de desespero pessoal e de autocondenação, Satanás chega para *amplificar* esses pensamentos e visões de modo que pareçam fatais e derradeiros. Ele adora exagerar o normal e elevá-lo a extremos. Como nestas situações:

- "Cometi um erro" se torna "Eu *sempre* estrago tudo".
- "Preciso melhorar aqui" se torna "Eu *nunca* vou mudar".
- "Bem, isso não saiu bem" se torna "Bem, o que eu poderia esperar?".
- "Posso precisar de ajuda nisto" se torna "Jamais deveria ter falado sobre *aquilo*".
- "Isso está me fazendo sentir um pouco sobrecarregado neste momento" se torna "A vida está se acabando".
- "Isso não é fácil" se torna "Por que isso sempre acontece comigo?".
- "Preciso entender essa questão" se torna "Deus gosta de fazer essas coisas comigo".

A miséria adora companhia, e Satanás tem prazer em se oferecer. Ele intensifica a miséria para obscurecer Deus, isolar você e fazê-lo medicar seu desespero com prazeres substitutos. Ele diz: "Fique irritado, fique chapado, fique nervoso, fique bêbado, entre na internet, dê o troco, ocupe-se". E o sentimento muda por um instante. Mas a tática é a mesma: uma cunha é colocada em seus relacionamentos — especialmente com outros cristãos, as pessoas que deveriam estar próximas para ajudar e curar. Para evitar que você se volte para fora, na direção da ajuda, Satanás se esforça bastante para *mantê-lo dentro de sua própria cabeça.*

> Ele intensifica a miséria para obscurecer Deus, isolar você e fazê-lo medicar seu desespero com prazeres substitutos.

Por fim, lembre-se disto: sempre que emoções, palavras e conclusões começarem a ser exageradas, respire fundo, pare por um instante e faça um levantamento da realidade. Leve *o que está por dentro* às fontes aprovadas por Deus, *que estão do lado de fora*, para obter ajuda.

Diga a Deus o que está acontecendo do lado de dentro e como você se sente. Assista ao filme de Jesus para aprender como fazê-lo. Veja-o lutando por uma decisão:

> Então Jesus foi com seus discípulos para um lugar chamado Getsêmani e lhes disse: "Sentem-se aqui enquanto vou ali orar". Levando consigo Pedro e os dois filhos de Zebedeu, começou a entristecer-se e a angustiar-se. Disse-lhes então: "A minha alma está profundamente triste, numa tristeza mortal. Fiquem aqui e vigiem comigo".
>
> Indo um pouco mais adiante, prostrou-se com o rosto em terra e orou: "Meu Pai, se for possível, afasta de mim este cálice; contudo, não seja como eu quero, mas sim como tu queres".
>
> Mateus 26.36-39

Percebe o que ele faz? Ele conta a seus melhores amigos aqui na terra exatamente o que está se passando *dentro* de sua mente e de seu coração. Ele está batalhando pela vontade de Deus, o que faz com uma tonelada de honestidade, sem dar chance a Satanás de interferir em suas emoções. Ele as entrega a Deus e a seus amigos. Embora os discípulos não fossem capazes de consertar aquilo que Jesus sentia, ele precisava apenas interromper a tempestade interior, jogá-la fora e lutar através dela para fazer a coisa certa.

Você está vivendo uma tempestade interior hoje? Vá até Deus. Converse com ele. Depois, encontre uma promessa nas Escrituras na qual você possa se firmar (Romanos 8.28 é um bom começo) e entregue sua vontade na situação à vontade de Deus. Faça um acompanhamento disso, voltando-se a um amigo de confiança (cônjuge, se você for casado) que o escute e que ame o Senhor. Muitas vezes tudo o que você precisa fazer é falar a respeito para ver que as coisas não são tão ruins como pensava. Receba o conforto da promessa de Deus de redimir a situação e ouça o que seus amigos têm a dizer. *Se você não cuidar daquilo que sente por dentro, Satanás usará aquilo que você permitiu para manipular, exagerar e motivá-lo a encontrar "soluções" que vão lhe causar feridas.* Satanás não gosta de ser interrompido quando está espalhando pensamentos desanimadores em nosso caminho. Essas disciplinas fazem exatamente isso e colocam Satanás para fora.

Espere acusações de cristãos

"*Et tu, Brute!*" define o choque e a surpresa provocados por um ataque que venha de dentro de seu próprio círculo. Enquanto o aliado de longa data que se tornou traidor enfiava a faca, César clamou: "Até tu, Brutus!". Se Satanás não consegue levá-lo a apontar o dedo para si mesmo, existe uma enorme quantidade de outros dedos involuntários disponíveis. A realidade malignade cristãos acusando e abusando de outros cristãos é um testemunho da velhacaria e do gênio tático de nosso antigo acusador.

Para aniquilar a igreja, atacar a glória de Deus e desferir um golpe contra Jesus, Satanás pode matar três pássaros com uma única pedra ao lançar divisão no meio do povo de Deus. Se ele puder fazer com que lutem entre si, tanto quanto seus medos e orgulho permitirem, descontentes e egoístas como estão em relação a seus líderes e a outros cristãos, eles se tornam agentes de Satanás. Estude o filme:

> Irmãos, vocês foram chamados para a liberdade. Mas não usem a liberdade para dar ocasião à vontade da carne; ao contrário, sirvam uns aos outros mediante o amor. Toda a Lei se resume num só mandamento: "Ame o seu próximo como a si mesmo". Mas se vocês se mordem e se devoram uns aos outros, cuidado para não se destruírem mutuamente.
>
> Gálatas 5.13-15

O assunto aqui é de cristão para cristão. O Espírito Santo foi substituído por outro espírito chamado *religião*. Alguns padrões estabelecidos por homens foram violados e o Espírito Santo foi colocado de fora. Existem novos representantes que foram apontados e estão praticando assassinato de caráter em nome de Deus. Um sinal inequívoco de que Satanás sequestrou a igreja é a imposição cheia de justiça própria e de crítica que um cristão faz sobre outros.

Martin Luther King Jr. estava certo: "Devemos aprender a viver juntos como irmãos ou morrer juntos como tolos". A Bíblia diz que o homem de Deus vai contra acusações e divisões ao manter o olho no alvo: sirva às pessoas em amor, dê menos peso àquilo que as pessoas dizem e mais àquilo que Deus diz, e deixe Deus lidar com as críticas. De modo prático, se a acusação for direcionada por alguém que conhecemos bem, Mateus 18 nos diz como lidar com ela antes que se perca o controle: "Se o seu irmão pecar contra você, vá e, a sós com ele, mostre-lhe o erro [...]. Mas se ele não o ouvir, leve consigo mais um ou dois outros [...]. Se ele se recusar a ouvi-los, conte à igreja; e se ele se recusar a ouvir também a igreja, trate-o como pagão ou publicano" (v. 15-17). O caminho estreito e nobre é a nossa estrada. "O importante não é o crítico", disse Teddy Roosevelt. "O crédito pertence ao homem que está de verdade na arena."

O homem de Deus lutador se preocupa com a missão, não com as bocas.

Espere perseguição

Quando o Diabo não consegue tentar, enganar ou desanimar você através da acusação, a única avenida que lhe resta é o aspecto físico. Li recentemente um artigo sobre o que acontece quando pessoas previamente controláveis decidem que "lidar com o

Diabo" não é a melhor coisa a fazer: "Dez moças envolvidas em prostituição foram assassinadas em Calgary. Uma delas tinha 15 anos. O homem condenado por seu assassinato usava uma camiseta na qual estava escrita a seguinte frase: 'Três podem guardar um segredo quando dois estão mortos'".[1] O Grande Cafetão fica louco quando sua "prostituta" lhe diz "cansei de você". As luvas saem, a frustração aparece e os dentes também.

Jesus disse que, para muitos de nossos melhores homens, as coisas seriam assim: "Bem-aventurados os perseguidos *por causa da justiça*, pois deles é o Reino dos céus" (Mt 5.10). Essa perseguição vem de Satanás contra certa qualidade de homem. Notou as palavras em itálico? Quanto mais justo você se tornar, maior será o fator hostilidade. Somos instruídos a esperar isso porque nosso compromisso com Deus neste mundo nos chama a fazê-lo.

Estude o filme, homem de Deus:

> Amados, não se surpreendam com o fogo que surge entre vocês para os provar, como se algo estranho lhes estivesse acontecendo. Mas alegrem-se à medida que participam dos sofrimentos de Cristo, para que também, quando a sua glória for revelada, vocês exultem com grande alegria. Se vocês são insultados por causa do nome de Cristo, felizes são vocês, pois o Espírito da glória, o Espírito de Deus, repousa sobre vocês. Se algum de vocês sofre, que não seja como assassino, ladrão, criminoso, ou como quem se intromete em negócios alheios. Contudo, se sofre como cristão, não se envergonhe, mas glorifique a Deus por meio desse nome.
>
> 1Pedro 4.12-16

Hostilidade aberta no território inimigo não é incomum, é algo a ser esperado. Os sistemas do mundo debaixo do controle de Satanás levam suas respectivas culturas ou governos a perseguirem abertamente os cristãos. A perseguição vem sobre aqueles em que o Espírito e a glória de Deus repousam. Os pseudocristãos não requerem perseguição porque já estão se misturando muito bem com a cultura ao redor. A própria vida do homem de Deus prova sua lealdade enquanto ele vive dentro de uma cultura particular e de um sistema mundial. É uma tática por parte de Satanás em que os ganhos se equivalem às perdas, pois a perseguição, ainda que seja a tática mais abertamente hostil, é também a mais contraproducente por diversas razões. Se os cristãos não se dobram às pressões, Deus é glorificado. Se os cristãos sofrem por sua fé, são fortalecidos.

Estude as ondas de perseguição nos séculos 1 e 2. A igreja explodiu. Ou olhe para o comunismo moderno na China. Onde recentemente era ilegal até mesmo possuir uma Bíblia, sob ameaça de prisão ou morte, de acordo com a organização Portas Abertas Internacional, existem atualmente mais cristãos evangélicos na China do que nos Estados Unidos.[2] Meus próprios encontros com os perseguidos índios tsotsil, do sul do México, demonstram o mesmo princípio — eles já venceram. Quando os cristãos são abertamente perseguidos, a fé se expande.

O homem de Deus é chamado a sofrer com seu Senhor. Prepare-se para isso, espere isso de alguma forma, agradeça a Deus por isso e enfrente a situação focado na eternidade. Peça a Deus que use isso para os propósitos dele. Não nos é prometida fuga, mas libertação. Sofrer em favor de Cristo produz uma revelação do Filho para aqueles que veem o sofrimento. No final, a perseguição volta como um tapa na cara de Satanás. "Pois nós, que estamos vivos, somos sempre entregues à morte por amor a Jesus, *para que a sua vida também se manifeste em nosso corpo mortal*" (2Co 4.11).

Satanás tem os sistemas cultural, político e religioso do mundo debaixo de seu poder, e ele os usará para se vingar de Deus através da perseguição do seu povo. Se está recebendo artilharia antiaérea, saiba que isso está acontecendo porque você é um filho sendo moldado à imagem do Filho.

Portanto, isso é tudo o que Satanás tem: sugestão, tentação, racionalização, engano, acusação e perseguição. Ele repete as mesmas jogadas por muitas e muitas vezes para *introduzir uma segunda vontade, diferente da de Deus* — a sua ou a dele. É por isso que devemos lutar contra seus esquemas de maneira proativa e preventiva: "Venha o teu Reino; *seja feita a tua vontade*" (Mt 6.10). Nossa orgulhosa tradição vai adiante de nós como homens de Deus, e o livro de estratégias de Satanás está à sua disposição para que você o use contra ele. A ignorância não é uma opção. A disposição deve agora tomar seu lugar.

12

Sequestrado

Ainda que, antes da traição ao nosso Senhor, os discípulos tivessem discutido a melhor forma de se equivocar em relação aos eventos que cercaram a prisão, o julgamento e a crucificação de Jesus, não poderiam ter feito um trabalho melhor. O que eles perceberam e o que aconteceu foram opostos exatos.
Walter Henrichsen

Era véspera de Natal. A alegria estava no ar enquanto o avião se preparava para decolar de Argel para Paris. Todos voltavam para casa por conta das festas. Malas eram acomodadas, pessoas encontravam seus assentos e quatro agentes de segurança verificavam os passaportes por toda a cabine.

De repente, o Natal alegre se transformou num inferno de choro. O sequestro do voo 8969 da Air France começou com um grito aterrorizante: "Alá é grande!". As portas foram trancadas. O avião, seu plano de voo, a tripulação e os passageiros foram feitos reféns por quatro homens que se faziam passar por agentes de segurança argelinos. Num piscar de olhos, o futuro daquelas pessoas se perdeu.

Os detalhes, conforme relatados algumas semanas depois por Thomas Sancton, jornalista da *Time,* contam uma história assustadora de planejamento detalhado, medo paralisante, motivações terroristas e coragem incrível.

- Os quatro terroristas disfarçados de agentes de segurança planejaram a tomada do avião para obter a libertação de colegas terroristas presos.
- Seu plano era levar o avião até a França e explodi-lo sobre Paris.
- Três passageiros foram executados e jogados no asfalto da pista de Argel antes que o avião recebesse permissão de voar para a França.

O avião chegou a Marselha, França, na calada da noite, às 3h30 da manhã do Dia de Natal. Os terroristas exigiram que 27 toneladas de combustível abastecessem o Airbus e estabeleceram um cronograma literalmente mortal para a partida, depois do que passageiros seriam assassinados caso não houvesse cooperação por parte do governo.

Equipes francesas treinadas, disfarçadas de pessoal de serviço, receberam permissão para entrar no avião e entregar comida e suprimentos. Durante a realização de suas "tarefas", as equipes conseguiram levantar dados de inteligência, plantaram aparelhos de escuta e se certificaram de que as portas laterais do avião ficassem destrancadas antes que recebessem ordem para decolar.

Enquanto o avião estava taxiando, equipes francesas se aproximaram do avião com três rampas móveis de carga, entraram nele pelas portas da frente e de trás e deram prosseguimento a uma das operações antiterroristas mais bem-sucedidas da história.

Todos os 4 terroristas foram mortos, todos os 173 passageiros e tripulantes foram libertados e 25 pessoas receberam atenção por ferimentos, apenas um deles mais sério.

Especialistas em demolição confirmaram que vinte bastões de dinamite haviam sido colocados estrategicamente para serem detonados dentro do avião.[1]

A paz na terra (em oposição ao inferno) foi devolvida aos tripulantes e aos passageiros naquele Natal.

Ninguém poderia ter previsto tal tentativa de jogá-la fora.

Repleto de combustível

Como vimos, o mundo espiritual está repleto de planos bem elaborados e maliciosos cujo propósito é obter controle sobre os homens, introduzir uma agenda diferente e produzir devastação máxima. Como consequência, o jogo que se inicia é o de discernimento disciplinado desses planos. O homem de Deus é comissionado a cuidar da atividade de previsão e antecipação da agenda do Terrorista de modo muito semelhante às ações de contraterrorismo. Somos designados para conhecer os esquemas do Diabo, chamados a estudá-los, treinados a discerni-los e preparados para nos opor a eles. Ser passado para trás não faz parte de nossa tradição como grupo de combate.

A parte fácil é identificar as táticas; a difícil é saber quando e onde elas serão usadas. Em muitos casos não se pode prever a situação. Você simplesmente tem de estar pronto para reagir.

Essa é a grande vantagem que toda ação terrorista tem no mundo dos homens livres: o elemento surpresa. Os planos dos terroristas argelinos incluíram a tomada de um voo já existente para realizar sua missão. A situação já estava repleta de pontos que eles não precisaram criar. Vinte e sete toneladas de combustível? OK. Transporte para Paris? OK. Reféns? OK. A única coisa que faltou foi um modo de penetrar sem serem notados para tomar o controle da situação e executar sua missão.

Seu *comportamento* era previsível. Mas sua metodologia foi criativa.

Para combater a dinâmica do mal, precisamos pensar como os terroristas e perguntar:

- Quais plataformas existentes estão disponíveis, são voláteis e fáceis de serem exploradas?
- Quais situações de nossa vida poderiam ser "carregadas com combustível" para Satanás e seus emissários?
- Como eles poderiam nos surpreender, obter controle e assumir a direção de nossa vida?
- De que maneira o mal poderia nos sequestrar e nos transformar em "bombas voadoras"?
- Onde, quando e como poderíamos ser sequestrados?

Pense em sua vida como um aeroporto movimentado. Então, imagine que os diversos aviões que chegam e partem são os eventos diários de sua vida, envolvendo relacionamentos, circunstâncias potenciais e muitas conexões. A cada dia, esses aviões (ou "eventos relacionais") chegam a seu aeroporto e são servidos e abastecidos com combustível. O combustível representa suas emoções, as quais dão vida e significado a cada relacionamento e evento, seja grande, seja pequeno. Todo evento relacional obteve permissão pessoal para aterrissar em sua central, e você os abastece e os coloca de volta no ar.

São voos familiares com rostos familiares. Os aviões maiores incluem jornada espiritual, casamento, família, carreira e futuro, com enormes quantidades de combustível emocional. Esses eventos relacionais precisam voar longas distâncias, carregar toneladas de esperanças e sonhos e entregar muita felicidade e apreço na chegada.

Agora, porém, pense como terrorista. Sequestre apenas um desses aviões, e você terá uma séria crise de reféns. E, diferentemente do voo Air France 8969, a maioria dos sequestros não tem um final feliz.

Como um terrorista agiria? Primeiro, ele saberia que aqueles aviões não podem ir muito longe sem que sejam abastecidos. E, segundo, saberia que aquele combustível é a ogiva, o catalisador para uma destruição potencial, de modo que, se ele quiser criar uma grande confusão, vai precisar de combustível em grande quantidade.

Você precisa saber uma coisa: o Grande Terrorista tem consciência de que essas emoções servem de combustível para a maneira em que experimentamos nossa realidade, e essas percepções, por fim, controlam nosso comportamento.

Todos nós conhecemos homens cujas percepções foram obscurecidas por emoções fora de controle, o que resultou numa bola de fogo caindo do céu. Quando são administradas corretamente, as emoções têm o potencial de nos levar a nosso destino como homens de Deus. Nas mãos erradas, porém, elas podem nos transformar em bombas voadoras. E, sim, *Satanás está bastante consciente dessa situação.*

Você precisa saber uma coisa: o Grande Terrorista tem consciência de que essas emoções servem de combustível para a maneira em que experimentamos nossa realidade, e essas percepções, por fim, controlam nosso comportamento.

Todo homem é como um aeroporto para muitos aviões, carregado com toneladas de combustível, cada qual com potencial devastador. Um homem emocionalmente descontrolado está pronto para ser sequestrado. É apenas por meio da administração de nossas emoções à maneira de Deus que podemos lançar um ataque a Satanás e frustrar seus planos.

Se não for assim, somos um sequestro prestes a acontecer.

Ameaça à porta

A Bíblia não apenas diz que as emoções são o combustível de nossa vida, como também nos fala que Satanás está planejando explorá-las para seus propósitos se não as administrarmos corretamente. Satanás sabe que os homens são vulneráveis e se frustram diante da incapacidade de controlar as pessoas e os eventos que causam impacto em sua vida. Mais especificamente, ele sabe que nossa incapacidade de controlar eventos pode precipitar uma incapacidade maior de manter controle de nossas emoções.

Infelizmente, sem medidas de segurança intencionais, somos alvos fáceis de sequestro. Estude o filme.

Uma falta de controle emocional nos torna vulneráveis

"Um homem que não sabe controlar as suas emoções e vontades é como a cidade com seus muros derrubados." (Pv 25.28, NBV.) Uma cidade antiga sem muros era praticamente indefensável. Do mesmo modo, sua vida ou é protegida por um muro de autocontrole sobre suas reações diante dos eventos relacionais ou se torna vulnerável. O homem "que não sabe controlar as suas emoções" é sequestrado.

Ressentimento não confessado dá a Satanás poder sobre sua vida

"'Quando vocês ficarem irados, não pequem'. Apaziguem a sua ira antes que o sol se ponha, e não deem lugar ao Diabo." (Ef 4.26-27.)

> Qualquer forma de ira não tratada de maneira aberta, honesta e produtiva está, por padrão, entregue a Satanás para que a use como base de operações.

Consegue captar a imagem? Existe um elefante no meio da sala que cresce a todo instante quando não é reconhecido, tratado e eliminado dos relacionamentos humanos. A ira não resolvida apresenta para o mal uma placa de boas-vindas em neon.

Como eu, você pode ser tentado a dizer: "Não tenho problemas com a ira". Muito bem. O problema, contudo, é que a ira é apenas a emoção "ponto de partida" por trás das *expressões* dela:

irritação	provocação	agitação	aborrecimento
exasperação	frustração	ódio	hostilidade
amargura	ressentimento	zombaria	vingança
crítica	inveja	ciúme	cobiça

Qualquer forma de ira não tratada de maneira aberta, honesta e produtiva está, por padrão, entregue a Satanás para que a use como base de operações. Temos a liberdade de nos irarmos, mas somos chamados a nos irar em relação a coisas com as quais Deus está irado e a lidar com a emoção de forma responsável. A ira é inevitável, mas a destruição é opcional. Homens irados criam soldados inúteis na luta contra o mal. Eles já foram sequestrados.

Emoções fora de controle cegam você para a presença de Satanás

> Portanto, *humilhem-se* debaixo da poderosa mão de Deus, para que ele os exalte no tempo devido. Lancem sobre ele toda a sua ansiedade, porque ele tem cuidado de vocês. Estejam alertas e vigiem. *O Diabo, o inimigo de vocês, anda ao redor* como leão, rugindo e *procurando a quem possa devorar.*
>
> 1Pedro 5.6-8

Pedro está falando com um grupo de pessoas que passa por um momento emocionalmente turbulento, e ele não quer que elas sejam sequestradas no meio de seu sofrimento.

Os incentivos são diretos e eficientes: "Coloque-se debaixo da autoridade de Deus, alivie a pressão interior conversando com ele e eleve o nível de ameaça para 'vermelho'". Por quê? Porque, se não o fizer, você se tornará uma presa de movimentos lentos. Em vez disso, elimine a vantagem do inimigo.

Como acontece com a ira, a ansiedade tem um monte de primos; desse modo, se você se sentir tentado a dizer "Não tenho dificuldades com a ansiedade", pense em como a preocupação e o medo se manifestam em vários comportamentos:

comer em excesso	trabalhar em excesso	isolamento
estresse	nervosismo	apreensão
excesso de controle	excesso de planejamento	fuga

De fato, somos levados à ansiedade por qualquer estado emocional negativo que não lançamos sobre Deus. Tristeza, sofrimento, desapontamento, solidão, desejo, vergonha, orgulho, anseios, desespero — tudo isso deve ser expresso a Deus, não suprimido e disponibilizado a Satanás. Oramos seguindo as palavras de alguns salmos exatamente por essa razão. Eles expressam emoções a Deus, e, quando as expressamos a ele, nossos sentimentos começam a mudar. "*Busquei o* S*ENHOR*, e ele me respondeu", reflete Davi. "*Livrou-me de todos os meus temores*. Os que olham para ele *estão radiantes* de alegria; seus rostos jamais mostrarão decepção" (Sl 34.4-5).

Um cristão nunca é instruído a encobrir uma emoção real. Isso seria o mesmo que entregá-la de mão beijada a Satanás. Devemos, pelo contrário, viver em verdade e realidade, e experimentar emoções da maneira que Deus nos criou. Pense em Moisés expressando suas inseguranças a Deus antes de aceitar sua missão de se encontrar com o faraó. Pense em Davi, no salmo 51, depois de ter cometido adultério. Pense em Jeremias culpando Deus por sua depressão em Lamentações e, depois, lembrando-se de Deus e reencontrando a alegria. Pense em Jesus no jardim de Getsêmani. Paulo pediu aos cristãos de Corinto que chorassem e lamentassem com aqueles que choram e se lamentam. Num mundo cheio de dificuldades e sofrimento, devemos ter um lugar ao qual levar nossas dificuldades e conflitos interiores.

O homem de Deus lança suas emoções sobre um Deus cuidadoso; ele não as esconde. Ocultar o que está realmente se passando do lado de dentro é uma atitude *ímpia* e dá cada vez mais controle a Satanás. O homem de Deus tem um lugar para ir com suas lutas: ao seu Criador e à sua família espiritual. Não é um ou outro; são ambos, ao mesmo tempo. As duas coisas são ordenadas. Uma fonte fornece cura espiritual e esperança; a outra fornece cura emocional e apoio.

Devemos dominar nossas emoções da maneira correta, ou cederemos à maneira errada.

Estude o filme de Caim e Abel em Gênesis. Dois caras que trabalham duro e que decidem adorar a Deus dando-lhe uma oferta. A atitude e a motivação de um irmão estão erradas; as do outro estão certas. Um agiu de modo impensado; o outro ofereceu adoração generosa. Deus viu o coração dos dois e reagiu de maneira apropriada, como qualquer pai faria se um filho fosse insincero em sua apreciação.

> O Senhor aceitou com agrado Abel e sua oferta, mas não aceitou Caim e sua oferta. Por isso *Caim se enfureceu e o seu rosto se transtornou*. O Senhor disse a Caim: "Por que você está furioso? Por que se transtornou o seu rosto? Se você *fizer o bem*, não será *aceito*? Mas se não o fizer, saiba que o pecado o ameaça à porta; ele deseja conquistá-lo, mas você deve dominá-lo".
>
> Gênesis 4.4-7

Deus nota a percepção que as emoções de Caim estão criando. Elas estão totalmente por fora. Deus conversa com ele sobre isso: "Não acredite em suas emoções. Creia em mim! Você está irritado e com ciúmes. Coloque seu orgulho de lado e converse comigo. São apenas emoções! Não vou rejeitá-lo por mais irritado que você se sinta. Não vá para aquele lugar interior, ou o mal vencerá. *Lute*, filho!".

A imagem comunicada pela palavra hebraica traduzida aqui por "ameaçar" é a de um demônio maligno à espera na entrada de uma construção. Aqui, mais uma vez, está o retrato de forças malignas à espreita de um homem que seja emocionalmente instável. Suas emoções o dominaram, quando deveria acontecer o contrário. E ele deu um passo para fora do alcance da autoridade e da aceitação amorosa de Deus. Ele se entregou a percepções criadas por suas emoções como se essas percepções fossem a realidade. Ele acredita que Deus não vai trazê-lo de volta e que seu irmão merece morrer. Ele morde a isca, e Satanás vence. Caim é sequestrado e ataca Abel, seu irmão, e o mata.

A mensagem de Deus para o homem de Deus é a mesma: *domine as emoções.*

Puxe a alavanca

Num jato de passageiros da McDonnell Douglas modelo Super 80, as maiores luzes indicadoras do painel de instrumentos que fica diante do piloto são duas grandes alavancas luminescentes. São as luzes de fogo nos motores. A razão de ambas serem tanto luzes quanto alavancas é simplificar o processo de extinguir um incêndio a 10 quilômetros de altura. Se um dos motores pegar fogo, o piloto inicia uma sequência de eventos com aquelas alavancas para conter o incêndio.

Meu colega Paul (piloto de MD-80) conduziu-me pela sequência:

- As alavancas de incêndio se acendem, sinalizando visualmente ao piloto que existe um incêndio.
- Um sinal de áudio ou uma mensagem de voz lhe diz que o motor está em chamas.

- Ao puxar a alavanca, o piloto corta o fornecimento de combustível, de óleo e toda a hidráulica daquele motor, e o cilindro do líquido retardador de incêndio é armado.
- O piloto gira a alavanca iluminada para liberar o retardador, e o incêndio é contido.

Emoções negativas são como o painel de instrumentos daquele avião. Elas permitem que o homem de Deus saiba que existe alguma coisa errada. Quando a luz acende, não há como ignorá-la. Ele precisa puxar a alavanca e dar início à sequência para controlar os pensamentos e comportamentos filtrados através dessas emoções; caso contrário, será queimado.

> "Portanto, quem ouve estas minhas palavras e as pratica é como um homem prudente que construiu a sua casa sobre a rocha. Caiu a chuva, transbordaram os rios, sopraram os ventos e deram contra aquela casa, e ela não caiu, porque tinha seus alicerces na rocha."
>
> Mateus 7.24-25

Tradução: Quando as emoções estão a mil e as percepções influenciadas negativamente estão jogando você para todo lado, busque a verdade, apegue-se a ela, caminhe nela e deixe que suas emoções venham *depois* de você ter sido obediente.

Lembrar-se de sua identidade em Cristo e agir de acordo com ela sob pressão pode ser difícil, especialmente quando o conforto emocional estiver ameaçado. Quando queremos muito determinada coisa, não queremos pensar. Satanás sabe disso. É por isso que ele quer que você *sinta* qual é seu caminho rumo às ações erradas, em vez de *agir* da maneira certa de acordo com novos sentimentos. Satanás espera agressivamente que os homens cedam a suas emoções porque ele sabe que os homens serão de pouca confiança e tão inconsistentes quanto aquelas emoções *e* igualmente fáceis de ser controlados. Quando estamos por baixo, ele quer que você se apegue à percepção criada por suas emoções de que tudo está perdido, tudo é fatal e final. Em contrapartida, Deus diz: "Estou com você no vale da sombra da morte, e você não precisa temer, pois vou guiá-lo em meio a tudo isso. Será doloroso, sim, mas também importante e produtivo para você".

Administrar mal as emoções é como acompanhar um grupo de terroristas conhecidos a um grande aeroporto internacional, conceder-lhes permissão para passar pela segurança e colocá-los em assentos da primeira classe. Emoções bem administradas são processadas sem liberação especial e levadas até as estações de segurança de Deus e de outras pessoas. Isso exige humildade, fé e compromisso com o crescimento. Mas você pode ter certeza de que Satanás odeia quando um homem está no controle emocional de si mesmo, porque isso significa apenas uma coisa: Satanás perdeu o controle.

13

O mal adora a religião

O homem jamais realiza o mal de maneira tão completa e alegre como quando o faz por meio de uma convicção religiosa.
BLAISE PASCAL

"Houston, tivemos um problema."[1]

A famosa expressão do astronauta James Lovell é hoje sinônimo de qualquer tragédia potencialmente grande. Contudo, só depois de ter assistido ao filme *Apollo 13*,[2] do diretor Ron Howard, no qual Lovell é representado pelo ator Tom Hanks, é que a expressão ganhou vida em seu contexto original. Até hoje o filme é um dos meus documentários dramatizados favoritos. Um drama humano é uma coisa, mas um drama humano da vida real, que se desenrola no espaço exterior diante de um mundo que assiste a ele, está além do inesquecível. É imortal. Considere os eventos:

- Um tanque de oxigênio explode a caminho da Lua. Lovell pronuncia sua frase: "Houston, tivemos um problema".
- Em vez de aterrissar na Lua, a tripulação deve agora abandonar o módulo de serviço principal, que perdeu grande parte de seu oxigênio por conta da explosão, e usar o módulo lunar como um bote salva-vidas, uma vez que seu estoque de oxigênio estava intacto. Naquilo que os engenheiros da Nasa chamam de trajetória de volta livre, eles dariam a volta por trás da Lua de modo que o impulso gravitacional dela jogasse a espaçonave de volta à Terra.

- Uma vez que os controladores de voo não sabiam a extensão do dano sofrido pelo módulo de serviço, decidiram tentar uma correção de curso bastante arriscada da espaçonave, usando para isso o motor do módulo lunar.
- Algumas horas depois do acidente, o primeiro dos dois disparos do motor foi usado para acelerar o retorno da espaçonave à Terra. Mais tarde, ficou determinado que um segundo disparo seria necessário, pois a espaçonave estava saindo do curso. Foi então que a missão de resgate deparou com o maior dos muitos obstáculos para trazer a tripulação para casa em segurança.

A descrição do que aconteceu a seguir vem diretamente do diário de bordo da missão *Apollo 13*:

> O primeiro disparo foi suave, e havia todas as razões para crer que o motor do módulo lunar funcionaria sem erros também da segunda vez. No entanto, para esse segundo disparo, a tripulação teve de tomar um cuidado especial para garantir que o motor estivesse perfeitamente apontado para a direção correta e, por causa do acidente, tiveram de lidar com alguns problemas incomuns de navegação. Visto que estavam viajando no vácuo, não havia nada para dispersar a nuvem de detritos do Módulo de Serviço que envolvia a espaçonave. Quando olharam pelo telescópio do módulo lunar numa tentativa de avistar as estrelas, o brilho da luz do Sol refletindo sobre os destroços tornou o trabalho praticamente impossível. Para aumentar ainda mais as dificuldades, eles estavam exaustos e cometiam erros atípicos. Mas continuaram e, com ajuda do solo, descobriram um jeito de usar as visões do Sol e da Terra crescente para verificar seu alinhamento e, então, repetiram a tarefa diversas vezes para ter certeza de que estavam certos. Quando chegou o momento, o disparo foi perfeito.

> Em 17 de abril de 1970, às 12:07:44 da tarde no horário da região central dos Estados Unidos, a tripulação da Apollo 13 tocou a água a apenas 6 quilômetros do navio principal de resgate.[3]

Viu só? Eles estavam *de olho* na Terra e no Sol para descobrir exatamente quando e por quanto tempo deveriam executar o segundo disparo do motor! Quando assiste ao filme, você é transportado para dentro daquele módulo lunar e forçado a sentir a pressão que cercou aquele segundo disparo. Se estivesse apenas um pouco fora do necessário, eles ricocheteariam na Terra, rumo a um abismo do qual jamais voltariam.

Isso faz a gente prender a respiração.

Um pouco fora

Supreendentemente, em nosso voo, é possível que até mesmo a inércia criada por nossa salvação seja manipulada e tirada do curso. Ainda que possamos abraçar por completo o evangelho e o poder de Deus em nossa vida, pequenas mudanças mentais de trajetória e de velocidade, com o devido tempo, podem tirar nossas naves do curso.

> Satanás faz tentativas bem calculadas para tirar vantagem de nossa paixão espiritual e de nosso ímpeto para nos lançar [...] na direção de seu próprio alvo, uma vida "cristã" *sintética.*

Eu sei. Não parece justo.

E não é. Mas, assim como a cápsula espacial em perigo precisou colocar seus motores em funcionamento nos momentos exatos para manter a trajetória correta, o homem de Deus deve fazer uso constante da vigilância para ouvir as vozes certas e usar os indicadores para manobrar na direção de uma vida cristã autêntica e centrada em Cristo. Satanás faz tentativas bem calculadas para tirar vantagem de nossa paixão espiritual e de nosso ímpeto para nos lançar para longe dos propósitos mais elevados de Deus, na direção de seu próprio alvo, uma vida "cristã" *sintética*. Esse alvo, como o nome sugere, tem a aparência da fé, mas nada de seu poder.

Pense nisso. Já viu isso alguma vez? Um cristão com boas intenções termina, de fato, espalhando corrupção por meio de seus "atos de serviço" egoístas, sem jamais se dar conta de que está minimamente fora do curso. É possível ao mal se mascarar de bem sob o pretexto da religião sem que a pessoa nem sequer perceba que está fazendo algo errado. É certo que a pessoa pode se perguntar onde estão suas bênçãos, ou sentir que há algo faltando nessa alegria. Mas dê uma olhada no próximo *Lutando*:

> ***Lutando***
> *Satanás sabe que boas intenções apenas um pouco fora do curso podem provocar um dano significativo. Ele adora infiltrar o mal como um cavalo de Troia, usando o povo de Deus como seu veículo. E o resultado termina gerando mais mal do que bem.*

E se eu lhe dissesse que fui um desses cristãos? Fui aquilo que você poderia chamar de convertido de hidrogênio líquido — era como se eu usasse uma placa em que se lia CUIDADO: MATERIAL ALTAMENTE INFLAMÁVEL. Se você já topou com alguém que "viu a luz", então sabe do que estou falando: muito entusiasmado, muito apaixonado, com toneladas de energia e completamente dedicado (praticamente precisando *ser* comissionado). Eu era assim — no pique, "*en fuego*".

Estou certo de que, para muitas pessoas, o termo *pirado* se encaixa muito bem. Alguns dos meus amigos que testemunharam minha espantosa transformação inicial poderiam confirmar que eu definitivamente não tinha vergonha de ser chamado de cristão e que estava ingenuamente confiante de que tinha todas as respostas, agora que estava no time vencedor do Salvador e da espada.

Eu sentia algumas coisas também. Estava *excitado* por ir para o céu. Estava *radiante* por meus pecados terem sido perdoados. Estava *nas nuvens* em relação a meu propósito pela primeira vez na vida. Tinha uma identidade que era positivamente gloriosa — eu era *cristão*. Foi uma tremenda mudança de rumo para um cara cujos colegas de classe o elegeram a "atração da festa". Diante de uma decisão capaz de mudar a vida, uma grande explosão de paixão e propósito havia acontecido dentro de mim. Esse foi o lado positivo.

O outro lado de mim, altamente volátil, continha o material acelerador que eu esperava que minha nova fé pudesse apagar com um passe de mágica. Estes foram os elementos instáveis que espreitavam meu caráter: padrões de pensamento, motivações confusas, feridas emocionais que precisavam de cura, inseguranças profundas, temores, anseios, desapontamentos, vergonha, descontentamento e uma necessidade enraizada de aprovação e aceitação. Deus queria fazer as coisas do jeito dele com o passar do tempo, mas o que eu não sabia era que Satanás também queria mexer com elas. E comigo, *um cristão selado e carimbado!* Como seria possível ele me atingir?

As palavras de Jesus a seus discípulos contam toda a história: "Portanto, cuidado para que a luz que está em seu interior não sejam trevas" (Lc 11.35).

Opa! Espere aí!

O Diabo não pode tomar nossa salvação ou destruir nossa conexão com Jesus. Verdadeiro. Mas ele pode, ainda assim, dar o melhor de si para fazer com que essa conexão seja tão nociva e tóxica quanto possível. Seu objetivo comigo era bem simples: pegar uma conversão autêntica e tentar transformá-la em algo raso, sintético e cheio de contradições.

Como? Primeiro, ele usou questões residuais nos âmbitos emocional, mental e de caráter dentro de mim para moldar uma zona de conforto da fé em torno de partes problemáticas de minha masculinidade — as partes que transformavam tudo em que tocavam em coisas egoístas, disfuncionais e inclinadas ao pecado. Segundo, ele me incentivou a expressar meus antigos traços de caráter, aqueles criados por minha carne e o mundo debaixo do disfarce de minha nova fé. Experimentei a via rápida da aceitação, afirmação e aprovação para minha fé "*en fuego*", meu conhecimento bíblico, minhas opiniões sábias, minhas orações poderosas, minha liderança de estudos bíblicos, minhas viagens missionárias e meu testemunho apaixonado. Satanás me pegou pelo pescoço e me fez realizar todas as coisas certas pelas razões erradas.

Terceiro, ele me tornou religioso. Hoje, imagino Satanás dizendo a seus emissários coisas como: "Escutem aqui, rapazes. Vocês têm muito trabalho a fazer com aquele ali. Portanto, nada de serviço direto. Simplesmente sugiram alguns pequenos acessórios, façam com que ele se sinta bem. Isso bastará para puxar o rapaz para longe". Ele apresentou a situação para seus emissários e então colocou o plano em prática, um plano para *me* destruir:

- Façam que ele se concentre no desempenho. Ele vai se esforçar ainda mais porque gosta de agradar e é competitivo.
- Deem-lhe justiça própria. Façam com que ele comece a receber o crédito por sua própria bondade em vez de dar crédito à obra da cruz e a glória a Deus. O orgulho espiritual é tão bom quanto qualquer outro.
- Façam que ele se preocupe. Em especial, com o que não interessa: manter a imagem, obter aprovação, ser querido, ser o melhor, qualquer coisa. Façam com que ele pense que é o cristão perfeito, de modo que ele esqueça as mudanças internas de caráter e se concentre nos comportamentos exteriores.

- Criem uma separação entre o público e o privado. Convençam-no a ser o que ele é em particular e um supercristão em público. E digam-lhe que ele jamais pode falar sobre isso.
- Criem um falso senso de segurança naquilo que ele está fazendo para Deus em oposição a quem ele é em Deus. Quando ele fizer alguma bobagem, convençam-no de que a culpa é *toda* dele e que ele precisa se esforçar mais. Talvez ele jogue a toalha.
- Levem-no a pensar que ele é o único. Digam-lhe que os cristãos nunca têm dificuldade com esse tipo de falhas e tentações. Quanto mais ele esconder seu verdadeiro eu, mais alto se tornará o muro. Talvez ele se sinta suficientemente miserável a ponto de voltar aos velhos hábitos.
- Incentivem-no a pensar negativamente sobre o mundo para se sentir melhor em relação a si mesmo. Convençam-no de que é justificável ser julgador, e ele parecerá ser um sujeito mente fechada, ignorante e cego para as verdadeiras necessidades das pessoas, alienando-o do mundo.
- Usem sua fé para cultivar um falso senso de controle e de autoridade.

Essas foram as táticas de Satanás para me tirar da trajetória rumo a Cristo e me jogar numa órbita completamente diferente. Se tivesse sido bem-sucedido, o que você veria seria um bom homem de Deus indo bem mal.

> Em resumo, tornei-me um imbecil. E não há nada mais imbecil do que um cristão imbecil.

Quando me converti ao cristianismo, nunca houve uma discussão de lamentação ou reclamação entre Satanás e seus agentes pelo fato de terem "perdido mais um" para Jesus. Pelo contrário: *o mal verdadeiro* é muito mais vigilante e inteligente. Satanás é capaz de pegar a massa macia de nossa fé e transformá-la numa coisa danosa. Ele é destemido em sua busca sobretudo porque já teve muito sucesso ao mandar pessoas para uma órbita religiosa.

Minha história não é única. Ela já aconteceu bilhões de vezes: a graça *é* doce, especialmente para um sujeito infeliz e miserável. Qualquer pessoa que já encontrou o terno abraço de aceitação e afirmação de Cristo *tem de* estar "*en fuego*". Ao mesmo tempo, fiquei absolutamente boquiaberto diante da rapidez e da facilidade com que minha carne e minhas crenças e fé recentes foram sequestradas por desejos conflitantes, uma necessidade profunda de ser visto e uma necessidade desesperada de aprovação. Meu ímpeto foi sequestrado e redirecionado por pensamentos ruins. Motivos errados começaram a servir de combustível para minha fé. Tornei-me um hipócrita e uma propaganda horrível para o cristianismo nas fases iniciais de minha jornada espiritual, mais prejudicando do que ajudando a causa de Cristo.

Em resumo, tornei-me um imbecil. E não há nada mais imbecil do que um cristão imbecil.

Espiritualidade disfuncional

Quando Jesus via um imbecil, ele não hesitava em chamar-lhe a atenção. Vamos estudar o filme de Mateus 23:

> "Ai de vocês, mestres da lei e fariseus, hipócritas! Vocês dão o dízimo da hortelã, do endro e do cominho, mas *têm negligenciado os preceitos mais importantes da lei: a justiça, a misericórdia e a fidelidade*. Vocês devem praticar estas coisas, sem omitir aquelas. Guias cegos! Vocês coam um mosquito e engolem um camelo".
>
> Mateus 23.23-24

Tradução: Olhem para si mesmos! Esse deve ter sido um dia bem difícil para Satanás! Boas intenções, rapazes, mas alvo errado.

Ele os transformou em sujeitos julgadores, que encontram defeito em tudo. A vida espiritual não é uma aula de contabilidade.

> "Ai de vocês, mestres da lei e fariseus, hipócritas! Vocês limpam o exterior do copo e do prato, mas por dentro eles estão cheios de ganância e cobiça. Fariseu cego! *Limpe primeiro o interior* do copo e do prato, para que o exterior também fique limpo."
>
> Mateus 23.25-26

Tradução: Vocês caíram no truque mais velho do mundo. Não dá para *fingir*. Convicção sem caráter é uma C-A-T-Á-S-T-R-O-F-E. Saiba de uma coisa: *jamais* o rearranjo de ovos ruins produzirá uma boa omelete. Portanto, comece de novo! Trabalhe de dentro para fora, começando com suas motivações. Encontre as boas, e então você obterá bons resultados.

Jesus deseja integridade espiritual. Ele quer palavras *e* atos, crença *e* comportamento. Você pode ludibriar o público, mas Jesus enxerga o verdadeiro você. Veja como ela avalia seus homens: "O SENHOR, contudo, disse a Samuel: 'Não considere sua aparência nem sua altura, pois eu o rejeitei. O SENHOR não vê como o homem: o homem vê a aparência, *mas o SENHOR vê o coração*'" (1Sm 16.7). Caráter significa mais para Deus do que conduta. Um tem a ver com você; o outro tem a ver com ele.

É preciso voltar aos fundamentos: "Ele mostrou a você, ó homem, o que é bom e o que o SENHOR exige: Pratique a justiça, ame a fidelidade e *ande humildemente* com o seu Deus" (Mq 6.8).

O objetivo de Satanás é a espiritualidade disfuncional. Ele trabalha horas extras para criar cristãos falsos, julgadores, inseguros e isolados, tão apaixonados por *agir* como "cristãos" que não fazem ideia do que significa *ser* cristão. Sentem-se desconfortáveis ao lado de pessoas que não são cristãs, não sabem como se envolver com elas e dão desculpas "espirituais" para não se conectar com elas: são más influências, não são arrependidas, fazem escolhas ruins. Será que pessoas que não conhecem Cristo já sabem agir como ele? As atitudes religiosas confundem as pessoas e matam nossa compaixão.

As pessoas precisam de graça, não de religião imbecil. Estude o filme de Jesus se envolvendo com um cara "religioso" e dando algumas pancadas em seu orgulho.

> Mas ele, *querendo justificar-se,* perguntou a Jesus: "E quem é o meu próximo?"
>
> Em resposta, disse Jesus: "Um homem descia de Jerusalém para Jericó, quando caiu nas mãos de assaltantes. Estes lhe tiraram as roupas, espancaram-no e se foram, deixando-o quase morto. Aconteceu estar descendo pela mesma estrada *um sacerdote. Quando viu o homem, passou pelo outro lado*. E assim também *um levita*; quando chegou ao lugar e o *viu, passou pelo outro lado.* Mas um samaritano, estando de viagem, chegou onde se encontrava o homem e, quando o viu, teve piedade dele. Aproximou-se, enfaixou-lhe as feridas, derramando nelas vinho e óleo. Depois colocou-o sobre o seu próprio animal, levou-o para uma hospedaria e cuidou dele. No dia seguinte, deu dois denários ao hospedeiro e disse-lhe: 'Cuide dele. Quando voltar lhe pagarei todas as despesas que você tiver'.
>
> "Qual destes três você acha que foi o próximo do homem que caiu nas mãos dos assaltantes?"
>
> "Aquele que teve misericórdia dele", respondeu *o perito na lei.*
>
> Jesus lhe disse: "Vá e faça o mesmo".
>
> Lucas 10.29-38

Tradução: religiosos não entendem a fé que professam. Não são próximos. São sintéticos, rasos e têm medo de ir até as pessoas que não são como eles. São disfuncionais, aparentando sanidade, mas agindo de modo imbecil diante das grandes necessidades ao seu redor. No final, tudo gira em torno *deles*, de suas agendas e de sua conveniência, enquanto há pessoas caídas à beira da estrada, prestes a morrer. Eles possuem "regras de envolvimento" que dizem a quem é de fora: você pode se aproximar de mim segundo as minhas regras e quando for conveniente para mim, mas eu me recuso a *me sujar*.

Para atender a uma necessidade, a fé verdadeira rompe todas as regras dos homens. A fé autêntica abandona a dignidade pessoal para restaurar a de outra pessoa. A fé sincera não fica em paz até que outra pessoa esteja segura. De acordo com Jesus, o samaritano entende o comportamento lutador de um homem de Deus real.

É possível entender por que o mal adora a religião. No final, o mal mais forte e mais convincente é aquele que se mascara como um bem perfeito. "Com ou sem religião, as pessoas boas podem se comportar bem e as pessoas ruins podem fazer o mal", observa o físico Steven Weinberg, ganhador de um Prêmio Nobel. "Mas para que as pessoas boas façam o mal é preciso haver religião." A coisa interessante sobre esse brilhante homem é que ele não é ateu. Ele é, porém, avesso ao cristianismo por conta de este ter sido aliciado pelo mal. Ele acredita que, por toda a história, expressões bem-intencionadas mas levemente distorcidas levaram à realização maliciosa da "obra de Deus" por aqueles que defendiam o nome de Cristo. Ele fala de incontáveis milhões que foram encorajados a manter distância do Salvador porque cristãos foram aliciados pelo mal e se tornaram *religiosos*. Pense nas Cruzadas. Pense na escravidão. Pense na limpeza étnica. Pense em ataques à bomba a clínicas de aborto. Pense em ódio, sectarismo, divisões e brigas internas em igrejas, todas essas ações movidas a religião. Pense no evangelho da prosperidade, que diz a seus simpatizantes que eles serão ricos e saudáveis se tiverem fé suficiente.

Espiritualidade disfuncional. "Respostas" religiosas distorcidas. Todas as suas expressões possuem líderes (na maioria homens), e todas abusam das pessoas.

Qual é a resposta de Satanás? "Brilhante."

"O abuso espiritual é muito semelhante a qualquer abuso físico ou sexual", diz Bono, o líder do U2. "Ele o leva a um lugar onde você jamais pode encarar o assunto outra vez. É raro que a pessoa que tenha sofrido abuso sexual desfrute do sexo novamente. Assim também, as pessoas que sofrem abuso espiritual pela religião raramente podem abordar o assunto da religião com uma fé renovada. Elas recuam e estremecem. Minha vida religiosa tem sido uma tentativa de passar por um campo minado sem sair dele numa cadeira de rodas. E tenho conseguido. Bom, tudo bem, mancando um pouco."[4] A religião distancia as pessoas de um relacionamento verdadeiro com um Deus vivo e amoroso e deixa sobreviventes espiritualmente mancos. Em resumo, a religião bagunça tudo.

Nessa guerra de extremo alto risco, o homem de Deus deve optar por não fazer parte da religião e entrar de cabeça na batalha real pelo coração e pela alma. A religião criada pelo homem está em guerra contra o homem e contra Deus por meio de um desvio satânico. Ela desvia o foco do inimigo verdadeiro e o coloca sobre o homem, deixando que o caráter ruim corrompa uma coisa boa. É uma ferramenta tão útil quanto assassinato, adultério e idolatria. Religião é sinônimo de impotência, e Satanás a usa para impedir que os cristãos tenham avanços espirituais verdadeiros.

Não se engane: Satanás quer que você se torne religioso assim como fez comigo. Como Charles Spurgeon nos lembra: "Há milhares de navalhas com as quais o Diabo pode cortar os cachos do cabelo de um homem consagrado sem que este se dê conta".

Portanto, quão religioso você se tornou? Você está distante das verdadeiras necessidades daqueles que estão à sua volta? Se você é julgador daqueles que estão do lado de fora, se tem medo de se sujar ou se está "brincando de cristão" para se sentir melhor, descanse seguro de que Satanás está jogando com você. A maneira de combater isso, diz Jesus, é simplesmente ser o bom próximo que anda com humildade, que age com compaixão e que ama a misericórdia. Se você está pensando que essas não são qualidades masculinas, está certo. Elas são espirituais.

Sei que isto tudo tem sido difícil, mas, se você chegou até aqui, está finalmente pronto para entrar na arena da batalha contra o mal. Não se sinta na obrigação de se apressar se acha que precisa primeiro de mais um tempo de meditação sobre esses últimos capítulos. Existe muita informação aqui para ser digerida. Mas, assim que estiver pronto, respire fundo e caminhe junto comigo nas próximas páginas.

PARTE 3

Combatendo o mal

14

Colocar baionetas!

> Capitão, minha crença religiosa me ensina a sentir-me tão seguro na batalha como se estivesse em minha cama. Deus estabeleceu a hora da minha morte. Não me preocupo com isso, mas sim em estar sempre pronto, não importando quando ela possa me atingir. É dessa maneira que todos os homens deveriam viver e, assim, todos seriam igualmente corajosos.
>
> GAL. THOMAS "STONEWALL" JACKSON

A porta se fechou atrás de nós. Eu estava agora dentro de uma casa de adoração pagã.

Anteriormente, naquela manhã, fomos até a remota vila de San Juan Chamula, depois de uma viagem de duas horas vindo de San Cristóbal, a capital do estado de Chiapas, no sul do México. Estávamos ali para incentivar um pastor local que tentava construir uma igreja e para conduzir uma operação secreta contra o mal naquela cidade.

Depois de sair da estrada pavimentada, estávamos agora no meio do abandono e da pobreza de uma área rural do interior do México. Barracos cheios dos sinais de uma vida de dificuldade e o odor onipresente de fogueiras nos diziam que não estávamos mais no Kansas, e muito menos no conforto de nosso hotel, a muitas horas de distância. Estávamos em outro mundo — o mundo *deles*. Olhávamos para eles, e eles olhavam para nós. Foi nosso primeiro momento de confrontação.

Não houve palavras, apenas olhares e desprezo. Os chefes daquelas partes eram chamados de *caciques*, os quais literalmente policiavam aquelas vilas com sua própria versão de justiça de fronteira. Havia uma dezena ou mais deles, parados em suas trilhas e olhando para nossa grande *van*. Sendo mais preciso, eles nos encaravam, nos estudavam e vasculhavam sua mente em busca de pistas para entender por que um monte de homens que eles não conheciam de repente veio da cidade para *aquele lugar*. Que exibição de testosterona: uniforme completo, com chapéu de caubói branco, colete de alpaca preto e botas de caubói rústicas. Os únicos acessórios ausentes eram uma pistola de seis tiros na cintura e bandoleiras repletas de balas nos ombros. Ao que parece, o Oeste Selvagem ainda estava bastante vivo no sul rural do México.

Um de nossos guias locais (nosso motorista) parecia bastante nervoso, como se tivesse pegado uma febre reumática repentina. Ele olhava para os habitantes locais e, ao mesmo tempo, lutava em vão para *não olhar para eles*. Era a aparência de puro medo, e mais tarde, naquele mesmo dia, descobri o motivo. Aquele mesmo grupo havia ameaçado matar o pai dele e dissera ao motorista que nunca mais voltasse. Seu pai era pastor.

E se as autoridades locais soubessem por que eu estava ali, com quem eu estava e o que estava fazendo, não havia como prever qual seria a reação delas. Eu não imaginava o que se passava pela mente de nossa guia, mas os olhares penetrantes fizeram meu amigo começar a suar, a engolir em seco e a orar. Aqueles caras intimidam e matam pastores por esporte, sem consciência ou medo da consequência. De fato, uma de nossas visitas incluía passar algum tempo com a esposa de um pastor que havia sido assassinado recentemente. Os caciques são os juízes e jurados nessas regiões, sujeitos paranoicos com baixa tolerância por aqueles que ameaçassem seu modo tradicional de vida ou a religião local. Especulei que a única coisa que os impediria de nos tratar com hostilidade era o faturamento que poderíamos trazer à sua economia local. Tudo o que eles sabiam é que éramos turistas que vieram visitar a praça de sua cidade, deixar muitos pesos pela compra de bugigangas e artesanato, tirar algumas fotos diante da "igreja" e seguir caminho.

Pelo menos era isso que esperávamos.

Depois de visitar o pastor local que era nosso contato, de descarregar alguns suprimentos necessários e de dar encorajamento, saímos da periferia e entramos no coração das trevas: a praça central da cidade de San Juan Chamula. No exato instante em que descemos da *van* e caminhamos pela praça rumo à igreja, todos nós sentimos as trevas espirituais se aproximando.

Os sacerdotes místicos e pagãos locais chamam essa pequena vila de "umbigo" da Terra, um reflexo tanto da distância do local quanto do espiritismo que permeia a cultura ali. É uma ilusão palpável espreitando por baixo da superfície, uma realidade maligna, uma opressão espiritual que é percebida e sentida. Você se sente como que num episódio da série *Além da imaginação*, onde tudo parece normal mas *alguma coisa* acontece. Não dá para saber exatamente o que é.

O que você *vê* são prédios normais, mercados normais e comportamentos normais, todos típicos de qualquer praça de cidade do interior ou de destino turístico. O que você *sente* é uma falta de vida real, um vazio, uma opressão, uma escravidão da alma e uma presença maligna inspirando tudo. "Que ironia", pensei. Minha missão era cooperar com essa farsa e simular o comportamento de um turista convencional — curioso, inquisitivo e não ameaçador.

Foi então que vimos nosso alvo.

Ao que tudo indicava, o exterior do prédio era similar a muitas igrejas que já vira no México: tons de verde e laranja claros, arquitetura no estilo das missões e enormes portas de madeira. Estranhamente, as autoridades locais haviam montado um perímetro de barricadas de madeira, cerca de cinquenta metros em frente à entrada, para criar uma zona de "segurança" em torno do prédio, o que facilitava a observação do fluxo de pessoas entrando e saindo. Fomos informados de que os caciques haviam implantado uma lei rígida proibindo fotos dentro da "casa de adoração", de modo que ficamos olhando e apontando como bobos, e posamos de maneira convincente em torno da igreja antes de entrar naquela área. Nossas câmeras foram verificadas na entrada. O que aconteceu em seguida foi surreal.

Nós cinco fomos informados do que veríamos, mas, emocionalmente, ainda estávamos despreparados. As visões e os sons estão gravados no meu cérebro:

- Grandes estátuas de diferentes ícones e santos em gaiolas, com correntes de luz penduradas sobre elas. A expressão vazia das imagens e os olhos fundos acentuavam a falta de esperança dentro daquela casa de adoração.
- Grupos de pessoas, duas ou três, pais com filhos, maridos com a esposa, vizinhos com vizinhos, como zumbis, balançando numa corrente suave, para a frente e para trás, para a frente e para trás, com olhos fixos como se estivessem mortos. Nenhuma música, nenhum som senão o lamento deles, mas ainda assim se moviam, com o rosto desanimado e sem expressão.
- Velas, muitas delas na frente de cada família. Altas e finas, fixadas com a própria parafina no chão, criando um santuário particular para cada família. Tive o cuidado de não bater nelas à medida que caminhava.

- Sacrifícios de sangue. Pintinhos eram retirados de pequenas caixas, retalhados e oferecidos aos espíritos. Eles também deveriam ser comprados juntamente com a bebida. Todos os acessórios mantinham os bolsos dos amigos de nossos caciques cheios de dinheiro. Não foi surpresa o fato de odiarem pastores.

Um pouco antes, soubemos que todos os adoradores seriam embebedados com um tipo especial de bebida alcoólica chamada *posh*, feito exclusivamente para a adoração naquele templo. Era uma bebida semelhante a uísque, nativa dos índios tsotsil, feita de suco de cana de açúcar e misturada com cola para torná-la mais bebível. Famílias, incluindo as crianças, iniciavam sua adoração bebendo, e continuavam a beber aquilo enquanto faziam suas oferendas. Até mesmo crianças pequenas. Sendo pai de três filhos, minha sensibilidade se aguçou dentro de mim. Senti-me como se estivesse em alguma aventura de Indiana Jones, caminhando disfarçadamente entre um enorme mal e tentando, contra todas as probabilidades, sabotar o que estava acontecendo ao meu redor.

Durante os 45 minutos seguintes, por trás daquelas portas fechadas, agimos como turistas, mas lutamos como guerreiros. Talvez parecesse que estávamos cercados, superados em número e em desvantagem, mas estávamos ali para *lutar*.

Veio-me à lembrança o momento em que o general Barnard Bee relatou a Stonewall Jackson que estavam sendo derrotados pelo inimigo na primeira batalha de Bull Run. Bee estava em pânico. Ao ouvir o relatório, Jackson respondeu calmamente: "Então, senhor, vamos dar-lhes a baioneta". Também não entramos em pânico. Em vez disso, colocamos baionetas.

Combate corpo a corpo

Antes de entrar naquele templo, conversei com nossa equipe sobre o que fazer quando estivéssemos lá dentro. Disse-lhes para formarem duplas, deixar que seus olhos registrassem um alvo ou uma situação e, então, que o derrubassem com oração. "Seja específico, seja ousado e não pare de atirar em nome de Jesus." Para mim, foi uma Jericó dos dias modernos. As palavras de Jesus inundaram minha mente, tornando-me ainda mais livre na luta: "Eu lhes dei autoridade para pisarem sobre cobras e escorpiões, e sobre todo o poder do inimigo; *nada lhes fará dano*" (Lc 10.19). Fiz par com Alan e, enquanto absorvíamos tudo, escolhemos uma direção e começamos a esmurrar, *round* após *round* após *round*.

Meu diário sobre esse confronto apresenta um relato em primeira mão do que eu estava pensando e orando *dentro* daquele templo da perdição:

- A casa do Diabo, 9 de dezembro de 2006

> Era uma zona quente. Não parei de atirar. Orei pela destruição do prédio por meio de um terremoto, um evento que falasse às pessoas sobre o desgosto de Deus e que criasse uma abertura para um testemunho do evangelho. Clamei a Jesus por toda vida que encontrei, todo pedaço de madeira, todo tijolo. Alan e eu agimos como se estivéssemos apontando e comentando quando, na verdade, fazíamos orações de batalha espiritual. Nunca vira aquele tipo de paganismo, mas Jesus estava comigo e com Alan. Podíamos sentir sua presença e cobertura, como aconteceu com Daniel e seus amigos no meio das chamas da fornalha ardente.
>
> Oramos contra todos os poderes, tronos, principados e males levantados naquele lugar contra o conhecimento de Deus.

> Oramos contra as mentiras e as correntes que prendiam aqueles pequenos preciosos do Senhor ("Ai de quem fizer tropeçar um desses pequeninos"). Pedimos pela destruição de todas as imagens e ídolos. Pedimos que o reino de Deus viesse. Pedimos que Deus libertasse os cativos que estavam aos nossos pés. Oramos o que diz João 17.3: "Que te conheçam, o único Deus verdadeiro, e a Jesus Cristo, a quem enviaste". Oramos pela mente de cada cacique e pela destruição de fortalezas e padrões de pensamento. Oramos pedindo sinais miraculosos que pudessem penetrar naquela cultura e comunicassem o poder de Deus como nenhuma outra coisa. Declaramos que os bêbados diante de nós eram de Jesus, não do mal, que eles beberiam o vinho novo do Espírito Santo. Oramos textos das Escrituras. Oramos verdades. Oramos em seu nome poderoso.

Atacamos uma posição altamente fortificada. Não corremos. Colocamos baionetas. Avançamos. Lutamos no meio das chamas. Abraçamos nossa missão. Enquanto saíamos do templo, continuamos orando. A luz do sol era um enorme contraste diante do brilho macabro das velas. A silhueta de seres humanos reais, vivos e respirando, um contraste com o olhar sem vida dos ícones e dos zumbis. Ainda assim, o ar continuava pesado e repleto de mal à medida que nos aproximamos de nosso último ponto de batalha: uma enorme estátua negra de um cacique com roupas tradicionais e uma placa de bronze na qual estava escrito: "Autoridade municipal".

Oramos textos das Escrituras. Oramos verdades. Oramos em seu nome poderoso.

O significado literal era óbvio. Em termos funcionais e culturais, tinha o propósito de dizer: "Nós somos a lei".

OK, certo. O fato de terem feito uma estátua de bronze e de declarar aquilo conta toda a história. Escrevi em meu diário: "Que piada! Eles não alcançaram essa autoridade por meio do serviço ao povo; devem ter manipulado, enganado, matado e destruído para obter influência. Jeff citou João 17 para colocar tudo isso na devida perspectiva, em que Jesus orou a seu Pai: 'Pois *lhe* deste autoridade sobre toda a humanidade'". Oramos por aquele dia quando essas "autoridades" se encontrarão com o único e verdadeiro Cacique de todo o Universo, esperando que isso aconteça quanto antes. Então, entramos de novo na *van* para irmos ao próximo campo de batalha.

Na guerra, quando um regimento recebe a missão para realizar um ataque frontal no campo aberto ou para tomar uma colina, existe uma pausa *e* um despertar do guerreiro. A tarefa é tão somente dele. As consequências, se ele for realista, estão nas mãos de Deus. Tudo o que ele sabe é que está sendo chamado para estar perto do inimigo, e que precisa desempenhar sua tarefa para seu país, para a causa e para seus companheiros.

Essa é a realidade de todo guerreiro. Ele sabe que é chamado por Deus para combater o mal, muitas vezes bem perto do inimigo, toda vez que for designado. O campo de batalha é secundário. Quer esteja numa vila remota no sul do México, com o controle remoto da televisão nas mãos defendendo-se de uma tela cheia de pornografia, quer olhando nos olhos distantes de uma alma perdida, ele traz *tudo* o que possui para a batalha.

Ele é chamado para lutar essa batalha específica, ou Deus não o teria colocado ali. Enquanto respirar, ele está lutando — bem ali onde vive. O homem de Deus sabe que o mal está nadando por baixo da linha d'água da realidade visível. Sua tarefa diária é colocar baionetas em campos pessoais de batalha *agora mesmo*. Até que seja chamado para casa, suas ordens são as seguintes:

> Finalmente, fortaleçam-se no Senhor e no seu forte poder. Vistam toda a armadura de Deus, para poderem ficar firmes contra

> as ciladas do Diabo, pois a nossa luta não é contra pessoas, mas contra os poderes e autoridades, contra os dominadores deste mundo de trevas, contra as forças espirituais do mal nas regiões celestiais. Por isso, vistam toda a armadura de Deus, para que possam resistir no dia mau e permanecer inabaláveis, depois de terem feito tudo.
>
> Efésios 6.10-13

A palavra "luta" em meu Novo Testamento grego é a palavra *pale*. Significa uma luta "geral", corpo a corpo, lado a lado. No século 1, as guerras não eram travadas remotamente, com o simples apertar de botões, ou do ar, com o disparo de mísseis. Havia apenas um tipo de luta: com músculos. A pressuposição é que o homem de Deus luta corpo a corpo contra o mal. O esforço humano é inadequado ("fortaleçam-se no Senhor e no seu forte poder"), se o homem envolvido no embate espera sobreviver ao confronto.

A pressuposição é que o homem de Deus luta corpo a corpo contra o mal.

Carne e sangue podem ser os instrumentos do mal, mas "poderes", "dominadores deste mundo de trevas" e "forças espirituais do mal" são aqueles que devemos atacar, combater e subjugar por todos os meios espirituais. Esse tipo de homem lutador é necessário se o mal precisa ser extirpado.

> ***Lutando***
> *Você é o retrato desse homem pronto para lutar corpo a corpo; deve ser perturbador para nosso inimigo ver você saindo do seu esconderijo.*

Quando Deus envia seus homens e lhes dá ordem para colocar baionetas, existe algo inerentemente assustador que acontece quando a ordem é obedecida. Num sentido espiritual, o inimigo sente um calafrio diante do som do metal frio saindo da bainha, do *clique* barulhento e metálico da faca se encaixando no cano da espingarda, unindo-se a seu guerreiro. É uma sensação diferente. Muitos homens lutam com rifles, mas os homens raramente fixam lâminas nuas e afiadas de aço a eles, a não ser que a morte seja iminente, *corpo a corpo*. A visão de um regimento avançando com baionetas colocadas tem um efeito psicológico debilitante sobre o inimigo.

Captou a imagem?

Os cães pastores de Deus

Existem ovelhas. Existe um Pastor. Existem lobos. E existem cães pastores.

Em seu excelente livro *On Combat* [Sobre o combate], o tenente-coronel reformado Dave Grossman apresenta as distinções entre o rebanho e os cães pastores no relacionamento com os lobos. É um importante lembrete de que nem todos optarão por lutar. Mas os que são chamados se movimentam para atacar o mal de frente. As reflexões de Grossman são significativas para a condição atual da igreja e nosso relacionamento com o Maligno. Os destaques em itálico no texto a seguir são do próprio Grossman.[1]

1. A maioria das pessoas em nossa sociedade é de ovelhas. *Elas são criaturas bondosas, gentis e produtivas que só conseguem ferir umas às outras acidentalmente.* Quando se trata do caráter geral da igreja e de seus homens, o mal enxerga ovelhas — pastando humildes, plácidas, calmas.

2. Então, existem os lobos, e eles se alimentam das ovelhas sem misericórdia. *Você acredita que existem lobos lá fora que vão se alimentar do rebanho sem misericórdia? É melhor acreditar. No momento em que se esquecer disso ou fingir que não é assim, você se torna uma ovelha.* Não há segurança na negação. A parte 1 deste livro tratou disso de maneira direta. Satanás, o mal e os demônios são não apenas reais, inteligentes e intencionais, mas também letais para seus alvos.

3. Então, existem os cães pastores, e eu sou um cão pastor. *Vivo para proteger o rebanho e confrontar o lobo. Se você não é capaz de ser violento, então é um cidadão saudável e produtivo, uma ovelha. Se tem capacidade para ser violento e nenhuma empatia por seus concidadãos, então você se definiu como um sociopata agressivo, um lobo. Mas e se você for capaz de ser violento e de ter um profundo amor por seus concidadãos? O que você tem? Um cão pastor, um guerreiro, alguém que é capaz de andar pelo coração das trevas, na direção da fobia humana universal, e sair ileso.* A identidade é uma escolha, um alinhamento da vontade e uma declaração de propósito. Uma identidade exige obrigação e responsabilidade para com aquela escolha. A opção que alguém faz pela identidade mitiga o medo ligado às obrigações que a pessoa cumpre. O homem de Deus é perigoso e bom. Uma combinação estranha. Jesus era assim. Nós somos assim.

4. O cão pastor perturba a ovelha. *Ele é um lembrete constante de que existem lobos na terra. A ovelha preferiria que o cão pastor arrancasse suas presas, se pintasse de branco e dissesse "Béééé". Até que o lobo aparece; então, todo o rebanho tenta desesperadamente se esconder atrás daquele único cão pastor.* Leia a história de Jefté em Juízes 11.1-10, o cão pastor clássico que era necessário e foi chamado pelo pastor para ser um homem de luta. Ele não era como os outros; era diferente e cético em relação às ovelhas. O homem de Deus não está por aí tentando vencer o concurso de popularidade entre as ovelhas. Ele se dedica a uma coisa: destituir o lobo de sua habilidade de machucar a ovelha.

5. Entenda que não há nada moralmente superior no fato de ser um cão pastor; é apenas o que você escolhe ser. *Entenda também que o cão pastor é um bicho esquisito: está sempre farejando* *por aí, em toda volta, verificando o vento, latindo para coisas que fazem barulho no meio da noite e ansiando por ter uma batalha justa. É nisso que a ovelha e o cão pastor pensam diferentemente. A ovelha acha que o lobo nunca aparecerá, mas o cão pastor passa a vida esperando por esse dia.* Ao optar por lutar contra o mal, o homem de Deus se dedica a discerni-lo. A parte 2 deste livro mostrou como farejar o vento. Conversamos sobre o mal e como repreendê-lo. Latimos para aquilo que outros possam considerar trivial e podemos perturbar o "sono" de outros cristãos, fazendo com que eles decidam qual será sua própria identidade.

6. Se você quiser ser um lobo, poderá sê-lo, *mas os cães pastores vão caçá-lo, e você nunca terá descanso, segurança, confiança e amor.* Jesus Cristo veio por uma razão: "Para isso o Filho de Deus se manifestou: para destruir as obras do Diabo" (1Jo 3.8). Faça a ligação: ele vive em nós, lutamos de acordo com seu caráter e recebemos a mesma missão numa grande variedade de níveis. Não deixamos o mal descansar nas praias de nossa vida. Vamos atrás dele sem descanso.

7. Se você quiser ser um cão pastor e seguir pelo caminho do guerreiro, *deve diariamente tomar a decisão consciente e moral de dedicar, equipar e se preparar para ter êxito num momento tóxico e corrosivo quando o lobo chegar batendo em sua porta.* Veja as palavras: "diariamente... decisão... consciente... dedicar... equipar... preparar... êxito". A última palavra é a que eu mais gosto. Os cães pastores de Deus se arriscam a ter dedicação (isto é, disciplina) na direção de sua derradeira esperança.

> Suporte comigo os sofrimentos, como bom soldado de Cristo Jesus. Nenhum soldado se deixa envolver pelos negócios da vida civil, já que deseja agradar aquele que o alistou. Semelhantemente, nenhum atleta é coroado como vencedor, se não competir de acordo com as regras. O lavrador que trabalha

> arduamente deve ser o primeiro a participar dos frutos da colheita. Reflita no que estou dizendo, pois o Senhor lhe dará entendimento em tudo.
>
> 2Timóteo 2.3-7

Soldados, atletas e lavradores fazem as coisas difíceis quando não sentem vontade de fazê-las por causa de sua identidade, de sua lealdade e de suas obrigações inerentes. Por quê? Para conquistar o objetivo de sua esperança. Como? Correndo o risco da disciplina diária.

8. Esse negócio de ser ovelha ou cão pastor não é uma dicotomia do tipo sim ou não. *Não é uma escolha do tipo tudo ou nada. De um lado está uma ovelha abjeta, com a cabeça enfiada na areia, e do outro lado está o guerreiro completo. Poucas pessoas estão completamente em um lado ou em outro. A maioria de nós vive em algum ponto entre os dois extremos.* A Bíblia apresenta um retrato do homem de Deus como sendo tanto perigoso quanto bom, e até Jesus é apresentado com ambas as características nas Escrituras. Ele é o Leão da tribo de Judá e o Cordeiro de Deus. O imprevisto é que as duas identidades sejam igualmente corajosas e fortes. Sim, um Cordeiro corajoso disposto a se sacrificar e um Rei dos reis confiante que cavalga firme e rápido na direção do mal, de espada desembainhada, com exércitos a reboque. Minha oração é: "Senhor, mais cães pastores e menos ovelhas, por favor".

Estude os homens de Deus por toda a história e você entenderá por que é tanto necessário quanto prático estar envolvido na luta contra o mal. Olhe para Israel durante a vida de dois de seus melhores lutadores: Moisés e Josué. Olhe para a atividade deles e estude a saúde espiritual de ambos, e você rapidamente verá um fato poderoso se destacando: enquanto os israelitas lutam e batalham pelo avanço do reino, eles *não têm tempo nem energia para pecar.*

Agora, estude os momentos seguintes no livro de Juízes em que eles se esqueceram de sua identidade, deixaram suas espadas de lado prematuramente e se misturaram com os cananeus. Israel se desvia de Deus e se rebela contra seu senhorio. Eis a questão: quando eles *acham* que tudo está bem, nada está bem com o povo de Deus. Quando o povo de Deus está livre da guerra, ele *peca*. A luta estimula a dependência, fornece foco e engole territórios. Menos luta, mais pecado. Mais luta, menos pecado. É simples assim.

Portanto, homem de Deus, coloque a baioneta!

15

Ceda à autoridade

Perceba, por favor, que Satanás não tem medo de nossa pregação da palavra de Cristo; todavia, como ele teme que estejamos sujeitos à autoridade de Cristo!
WATCHMAN NEE

Meu primeiro *e único* cartão vermelho como técnico de futebol foi bem merecido.

Estava cansado do juiz e de sua má atuação, deixando passar faltas claras durante o jogo, ensinando a jovens rapazes que o jogo sujo valia a pena. Ele me irritou o jogo inteiro, e o fato de estarmos perdendo por 1 a 0 na final contra nosso maior rival também não ajudou muito. Fui técnico em centenas de jogos e assisti a centenas de outros mais em todas as categorias, de modo que, quando vejo uma atuação de um árbitro ameaçar a segurança de nossos jogadores, fico... bem, um pouco *enérgico.* Como técnico de futebol, isso significa que você direciona alguma atenção verbal ao objeto de sua desafeição — o cara com o apito na mão e uniforme engraçado.

Desde o apito inicial, pude ver que ele permitiria contato físico acima da média. Não tinha problema com isso. Um bom juiz de futebol não precisa apitar cada jogada, apenas rapidamente e com prudência quando vir que as coisas estão saindo do controle para mostrar que algumas linhas não podem ser cruzadas quando o esporte em questão é o *futebol.* Uma coisa típica do futebol é que as faltas abaixo da cintura são óbvias e não podem ser escondidas. Para juízes experientes, apitar o jogo é fácil. De fato, fãs ingleses em Londres conhecem o jogo tão bem que a multidão responde a uma atitude, boa ou ruim, *em uníssono*. E quase sempre estão certos.

Diante disso, quando alguns meninos do outro lado decidiram testar os limites da preferência de nosso juiz pelo jogo mais físico ao claramente não apitar faltas sobre meus meninos, esperava ouvir a inconfundível voz da autoridade fazendo uma intervenção. Em vez disso, apenas silêncio. Tudo bem. Engoli. Mas, quando aconteceu outra jogada desleal, pensei: "Puxa, essa foi tão óbvia". Voltei rapidamente meu olhar para o juiz, que estava com os braços estendidos longe do corpo, fazendo o sinal de que não houve falta.

Nossa torcida explodiu. "Ei!", disse um dos pais. Outro pai não foi tão cordial e soltou uma bronca: "Esse jogo não está bom, juiz!".

Pude sentir meu próprio magma vulcânico subindo dentro de mim quando comecei a balançar a cabeça diante do juiz. Tentei me acalmar, mas, poucos minutos mais tarde, reagi, depois de outra cotovelada clara de um dos jogadores na barriga de um dos meus meninos e, mais uma vez, nenhum apito. Tudo bem, ele ouviu minha opinião nua e crua. Devo ter dito alguma coisa sobre o fato de ele precisar se transferir para a competição de vale-tudo e abandonar o futebol. E certifiquei-me de que ele tinha me escutado.

Foi então que aconteceu.

Um rapaz do meu time pegou a bola e disparou rumo ao gol. Enquanto corria pela lateral esquerda, foi derrubado por trás por um zagueiro que viu a oportunidade. O carrinho, a falta definitiva, é tratado como desleal e gravemente penalizado pelos juízes. Você recebe cartão vermelho e, portanto, é expulso, não lhe sendo permitido jogar o próximo jogo. Pense em Zinedine Zidane, da França, dando uma cabeçada no peito do jogador italiano durante a final da Copa do Mundo de 2006. Não importava a razão: ele foi expulso. Essas óbvias reações violentas recebem consequências automáticas.

Bem, e o que você acha que aconteceu no meu jogo? Nada!

Eu não apenas estava fervendo de agressividade contida, como meu jogador estava caído no gramado. Nossa torcida caiu matando em cima do juiz, que começou a ficar branco. Como não tinha apitado em cima do lance, ele agora estava naquela estranha posição conhecida como ponto sem volta. Era tarde demais. Ainda que quisesse mudar de ideia, não poderia fazê-lo. Não havia botão de reprise para apertar nesse momento. Naquele ponto, precisava manter-se fiel àquilo que havia apitado e tocar o barco, pois confessar seu erro acabaria com toda a sua credibilidade.

Infelizmente, a essa altura, seria mais fácil defender um assassino com impressões digitais na arma do crime. Assim, fiz o que qualquer pai e líder de equipe irritado faz quando seu menino foi assassinado bem na frente de seus parentes e amigos mais queridos: fui até lá para meter a boca no juiz.

"A que tipo de jogo você está assistindo?", gritei, correndo em direção ao campo para atender meu jogador, que ainda estava caído. Por acaso mencionei que falei isso *alto*? "Incrível! Isso é inacreditável!".

Repita isso quatro vezes, cozinhe a 500ºC e você começará a ter ideia dos sentimentos especiais que tive por aquele juiz. Foi nesse ponto que deixei de me importar se seria expulso do jogo. Queria que ele *nunca* se esquecesse de mim e, esperava eu, que se sentisse tão desconfortável a ponto de largar seu apito para sempre. Essa seria a única justiça que eu poderia aceitar.

Depois de acalmar as coisas e reiniciar o jogo, continuei a bombardear o cara com meus comentários cáusticos sobre suas habilidades como árbitro, incluindo, entre outras coisas, as palavras "jardim de infância", "cego" e "minha mãe". Não tinha papas na língua. A imagem congelada do meu jogador machucado no gramado não saía da cabeça, e eu também não queria me esquecer dele.

Eu só queria compartilhar o *amor*.

Depois de cerca de quinze minutos ininterruptos dessa surra verbal, ele me advertiu: "Chega, técnico". Não conseguia me conter. Agora, *eu* estava naquele ponto sem volta, e minhas tiradas espertinhas estavam a toda. Isso significa que interpretei "chega" como dizendo "mais". Eu queria um pedaço dele. Assim, murmurei alguma coisa sobre a necessidade de ele procurar outro esporte para apitar. Ele estava esperando por isso. *Prriiiiiiiiii!* Ele apitou para parar o jogo, pôs a mão no bolso, tirou o cartão vermelho e me saudou na frente da multidão, dizendo para sair do campo.

Eu queria um pedaço dele.

Naquele momento, eu estava pronto para sair. E foi isso o que fiz, complacente do lado de fora, mas desobediente por dentro.

Ao olhar para trás, *eu* sei que estava certo. Ele deve ter se sentido culpado. Eu tinha a verdade do meu lado. Ele estava enganado. Esses fatos são indiscutíveis. Mas, no fim das contas, isso não importava. *Ele* era o árbitro; eu era o técnico. *Ele* estava no controle do apito; *eu* não controlava nada. *Ele* estava investido de autoridade; *eu* estava investido da minha causa.

Para ser perfeitamente claro: eu *não* obedeci ao homem. Eu obedeci *ao uniforme*. Ele era um sapo que a federação havia transformado em príncipe.

Ele estava em posição de vantagem.

A posição de vantagem

Na batalha, você sempre quer ser o sujeito na posição de vantagem. Seja num ataque mano a mano ou atacando como uma unidade, a vantagem decisiva está com os que estão no alto. Na luta contra o mal, porém, a posição de vantagem não é alcançada por meio de ação física; é uma percepção de sua identidade e *a autoridade por trás dela*. "O que é *nascido de Deus* vence o mundo; e esta é a vitória que vence o mundo: *a nossa fé*. Quem é que vence o mundo? Somente *aquele que crê* que Jesus é o Filho de Deus" (1Jo 5.4-5).

Se há uma coisa que Satanás não quer que você internalize sobre si mesmo é isto: *sua identidade real lhe dá autoridade poderosa.* Pai, Filho e Espírito Santo *vindo através de um homem de Deus* exigem obediência de todos. Satanás não tem um cartão vermelho. Ele não é árbitro. Ele *pode passar táticas* para seus jogadores em campo, mas ele *não pode controlar*. E ele pode odiar quanto quiser o fato de um sapo como eu ou você termos o poder, mas ele e o resto de suas tropas devem responder à autoridade de um homem de Deus oficialmente sancionado e aprovado.

Entenda uma coisa: *você* recebeu a posição de vantagem, meu irmão.

Vamos deixar isso se aprofundar em nós: sua autoridade em Cristo lhe dá vitória. Diga isso, meu irmão. Você é um guerreiro vitorioso *em Cristo*. "Mas, em todas estas coisas somos mais que vencedores, por meio daquele que nos amou" (Rm 8.37). Declare sua identidade. Não importa quais batalhas você esteja enfrentando, quais obstáculos esteja encontrando ou contra quais sentimentos esteja batalhando: *pare de lutar as batalhas que Satanás já perdeu e desfrute a vitória que Cristo já ganhou.* Você pode ter se esquecido disso, negligenciado esse fato, ficado cego em relação a ele ou simplesmente tê-lo compartimentalizado em alguma caixa teológica. Mas a realidade permanece.

> Sua identidade real e sua autoridade real são uma dor real para Satanás.

Sua identidade real e sua autoridade real são uma dor real para Satanás. Essa é uma boa notícia. Mas o que muitos cristãos esquecem é que essa posição de autoridade não funciona, a não ser que nos rendamos por completo.

Pelo fato de nossa posição de vantagem espiritual em nossa guerra contra o mal não ser uma localidade física, mas uma condição espiritual, entendemos que há condições que Deus exige de nós para que possamos usar a autoridade *dele* com eficiência. Lembre-se da história de John Orr. Intelectualmente, ele se saiu muito bem no processo de seleção, mas foi rejeitado pelo exame psicológico. Seu perfil narcisista se colocava como um problema na cadeia de comando, e a última coisa que a polícia de Los Angeles ou qualquer outra corporação policial quer é um oficial patife que abusa de sua autoridade.

> ***Lutando***
> *O homem de Deus não tem autoridade, a não que ser que esteja debaixo de autoridade. Poder e autoridade plena são dados apenas aos filhos que entregarem o controle total de sua vida a Jesus Cristo.*

Como isso funciona aos olhos do homem de Deus? Vamos estudar outro filme.

"Dize uma palavra"

Existe algo em relação à compreensão da autoridade que anima Deus quando ele aprova seus representantes. A disposição divina de promover a autoridade de Deus através de um homem depende da disposição desse homem de aceitar a autoridade divina.

Rei Saul

"Depois que tirou Saul, Deus pôs Davi como rei e disse isto a respeito dele: 'Encontrei em Davi, filho de Jessé, o tipo de pessoa que eu quero e que vai fazer tudo o que eu desejo'" (At 13.22, BLH). As palavras-chave aqui são "tirar" e "pôr". A frase transacional é "vai fazer tudo o que eu desejo". Saul foi tirado porque obedecia a Deus de maneira seletiva, quando era conveniente. Saul criou o mau hábito de "obedecer quase sempre", mas Davi demonstrou que entendia a suprema autoridade de Deus. Saul foi ineficaz porque não havia se rendido.

Rei Asa

"Pois os olhos do SENHOR estão atentos sobre toda a terra para fortalecer aqueles que lhe dedicam totalmente o coração. Nisso você cometeu uma loucura. De agora em diante terá que enfrentar guerras" (2Cr 16.9). O rei Asa foi um bom rei, mas sua eficácia em batalha ficou comprometida porque ele não conseguiu entregar o pleno controle de sua vida a Deus. Havia uma questão de confiança em jogo. Quando Deus lhe disse para seguir, ele foi, mas seus olhos se afastaram de Deus, indo na direção do inimigo. Sua fé foi substituída por medo, e o medo o levou a contratar mercenários para ajudá-lo a vencer suas batalhas. Deus ficou ofendido, e Asa parou de vencer.

Jesus

"Por mim mesmo, nada posso fazer; eu julgo apenas conforme ouço, e o meu julgamento é justo, pois não procuro agradar a mim mesmo, mas àquele que me enviou" (Jo 5.30). Jesus foi colocado acima de todas as coisas porque estava abaixo do Pai. Divindade e humanidade se mesclaram funcionalmente com humildade e autoridade. Por todos os evangelhos ele é visto dizendo coisas como "falo exatamente o que o Pai me ensinou", "a minha comida é fazer a vontade daquele que me enviou" ou "sempre faço o que lhe agrada" (cf. Jo 8.28; 4.34; 8.29). Essa postura diante do Pai está em par com sua posição atribuída por Deus: uma posição de autoridade. É por isso que ele pode dar ordens a demônios e comissionar homens. É por isso que ele pode dizer "Foi-me dada toda a autoridade nos céus e na terra. Portanto, vão e façam discípulos [...]. E eu estarei sempre com vocês, até o fim dos tempos" (Mt 28.18-20). Jesus nos mostrou a ligação entre submissão e poder para o homem de Deus.

O centurião romano

> "Por isso, nem me considerei digno de ir ao teu encontro. Mas dize uma palavra, e o meu servo será curado. Pois eu também sou homem sujeito a autoridade, e com soldados sob o meu comando. Digo a um: Vá, e ele vai; e a outro: Venha, e ele vem. Digo a meu servo: Faça isto, e ele faz". Ao ouvir isso, Jesus admirou-se dele e, voltando-se para a multidão que o seguia, disse: "Eu lhes digo que nem em Israel encontrei tamanha fé". Então os homens que haviam sido enviados voltaram para casa e encontraram o servo restabelecido.
>
> Lucas 7.7-10

Nesta cena, tudo se junta num homem que ainda nem sequer é seguidor de Cristo. Imagine: um homem que luta por uma vida *a obtém*. Em seu mundo, a submissão à autoridade e o exercício da autoridade são inseparáveis. Seus homens respondiam porque estavam debaixo dele e, ao mesmo tempo, colocados sobre outros para exercer a autoridade dele.

A frase principal é: "Dize uma palavra". Essas palavras fizeram com que o queixo do Filho de Deus caísse em total surpresa. Foi como se Jesus estivesse olhando para alguém, qualquer pessoa, que realmente o entendia; ele encontrou seu homem num soldado

— um homem que está debaixo de autoridade para exercer autoridade. "Dize uma palavra" quer dizer:

- Sei que o Senhor está no comando.
- Sei que o Senhor é capaz.
- Não estou no controle; o Senhor está.
- Eu me rendo ao Senhor.
- Eu não tenho poder.
- O Senhor possui todo o poder em minha vida neste momento.
- Sou dependente da realização de sua vontade na minha vida.
- O Senhor está acima de mim.

Mostre-me um grande guerreiro espiritual e eu lhe mostrarei submissão implacável à vontade de Deus. A repreensão do mal por parte de um homem de Deus que não está entregue Deus, que está compartimentalizado ou que não tem uma motivação firme é como um ataque a um navio de guerra com uma pistola de água — algo pouco recomendado. Deus sabe a condição de nossa submissão e se recusa a fornecer parcelas de seu poder e autoridade a um homem no qual há falta de integridade espiritual.

> ***Lutando***
> *Ceder à autoridade de Deus em sua vida dá sinal verde à execução da autoridade dele através da sua vida.*

Algo pior ainda para *aquele* homem é que o mal fareja um ator. Veja esta cena rara no livro de Atos envolvendo homens bem-intencionados que tinham a motivação certa, mas a vida errada:

> Alguns judeus que andavam expulsando espíritos malignos tentaram invocar o nome do Senhor Jesus sobre os endemoninhados, dizendo: "Em nome de Jesus, a quem Paulo prega, eu lhes ordeno que saiam!" Os que estavam fazendo isso eram os sete

> filhos de Ceva, um dos chefes dos sacerdotes dos judeus. Um dia, o espírito maligno lhes respondeu: "Jesus, eu conheço, Paulo, eu sei quem é; mas vocês, quem são?" Então o endemoninhado saltou sobre eles e os dominou, espancando-os com tamanha violência que eles fugiram da casa nus e feridos.
>
> Atos 19.13-16

Eles conheceriam *você*?

Aquiescência e autoridade

Nossa visibilidade ao mal é proporcional ao nível de nossa obediência a Deus.

Durante a preparação deste livro, viajei e liderei congressos nos Estados Unidos e no Canadá. Todos os finais de semana de agosto a meados de novembro foram passados longe de minha família, na estrada e em hotéis. Optei por fazer isso em razão da obediência a Deus, não por causa das aventuras de viagem, nem mesmo pela honra de ser convidado pelas pessoas. Deus pede, faço as malas e saio.

> Nossa visibilidade ao mal é proporcional ao nível de nossa obediência a Deus.

Muitos de vocês sabem exatamente como é isso. É desafiador física, emocional e espiritualmente. Viajar para ministrar é uma questão de obediência, não uma questão de preferência. Preferiria estar em casa. Preferiria dormir na minha própria cama. Preferiria ir aos jogos de futebol dos meus filhos. Contudo, em minha vida e em nossa família, as convicções estão acima das preferências. Minha família diz que "me ofertam ao Senhor", e a obediência é uma batalha para todos nós.

Talvez seja por isso que fui atacado naquela noite.

Lafayette, Louisiana. Dormia profundamente num hotel quando uma presença odiosa encheu o quarto e me pegou com força.

Aquilo foi tão forte que acordei. Ainda deitado de lado, mas plenamente desperto e consciente, senti alguém ou alguma coisa tentando me ferir fisicamente. Já havia sentido esse tipo de opressão e presença obscura antes, no campo missionário e quando escrevia livros. Queriam me atingir da mesma forma que queriam peneirar Pedro, e estou convencido de que Jesus *permitiu* que aquilo acontecesse. Ele deu o sinal verde para me pegar.

Os demônios receberam permissão para atacar minha mente com linguagem cheia de ódio, e Satanás permitiu que a presença deles fosse sentida em toda a minha volta, como um cobertor de chumbo. Foi muito parecido com uma série de ficção científica ou um filme de Harry Potter, mas aquilo estava acontecendo *na vida real*, naquele quarto de hotel enquanto eu estava ministrando e escrevendo este livro.

Minha reação foi diferente daquilo que eu poderia ter esperado: *fiquei irritado*. Reagi com plena consciência do que estava acontecendo e de quem estava por trás daquilo, e impus sobre aqueles demônios minha identidade e autoridade como servo do Deus vivo. As palavras fluíram de mim com convicção plena.

Ainda deitado de lado, estiquei minha mão e disse com firmeza: "Saia! Saia daqui agora mesmo em nome do Senhor Jesus Cristo. Sou servo do Deus vivo e o repreendo em nome de Jesus Cristo. Estou coberto pelo sangue dele e você não tem autoridade neste lugar. O Senhor o repreenda. Vá! Vá para onde Jesus o mandar".

Continuei nisso por cerca de quinze minutos. As palavras não paravam de fluir. De repente, por fim, senti a saída da presença. A emboscada acabou tão rapidamente quanto havia começado. Foi substituída por uma sensação física e espiritual que só senti algumas vezes em minha vida: uma calma penetrante e um senso tangível da poderosa presença e do amor do Senhor Jesus. É o sentimento que surge quando seu coração finalmente recebe a mensagem de sua mente de que aquilo acabou.

Aqueles emissários do mal não eram páreo para um homem cheio do Espírito e pessoalmente debaixo da autoridade pastoral, de Deus e do corpo de Cristo. Eu sabia quanto estava me esforçando para ser obediente a Deus em todas as áreas. Sabia que estava me esforçando mais que nunca em minha conexão com Chrissy. Sabia que estava mentalmente puro. Sabia que não tinha segredos. Eu prestava contas a outras pessoas. Embora fatigado e exaurido, estava sendo obediente no ministério e dando aos homens em Louisiana cada grama de percepção e sabedoria que a Palavra de Deus fornecia. Sabia que estava plenamente armado e carregado. Mais importante, *os demônios sabiam que eu sabia*. Esse conhecimento de minha própria submissão deu-me confiança e uma santa agressividade que jamais havia experimentado.

Mas *isso* era diferente. Não sabia quão bem me sentiria depois. Sim, a obediência e as vitórias têm o propósito de causar boa sensação. Render-se por completo e ser totalmente utilizável numa luta contra o mal, *isso* era ótimo. Contudo, eu havia acabado de repelir uma força tangível do mal, e sabia que deveria ter feito alguma coisa *muito certa* para obter tamanha atenção. Isso também me mostrou que não estou lhes dando nada com que trabalhar dentro de mim, pois precisaram pedir e obter permissão para me atacar diretamente. Foi um ataque frontal planejado para me assustar — mas o tiro saiu pela culatra. E o melhor é que Deus sabia que seria assim. No final, tudo aquilo só serviu para firmar minha resolução, fortalecer minha consciência e dar-me o teste de campo de batalha para poder transmiti-lo a você. A lição que a experiência ensinou foi esta: *minha identidade exige integridade para agir com autoridade*.

Integridade e autoridade estão ligadas de maneira inseparável.

O homem de Deus tem um poder infinito para utilizar. Mas, para fazê-lo, ele precisa *aquiescer*. Deus reconhece essa atitude quando a vê. Satanás também. No aspecto prático, isso significa lidar com os pontos de apoio em sua vida, aquelas áreas de comportamento ou de caráter nas quais Satanás tem permissão ou poder para trafegar nas trevas. Tentativas voluntárias de eliminar esses pontos de apoio são sinônimas de poder pessoal crescente sobre o mal.

Não é difícil identificar essas áreas. Elas são as áreas que prejudicam regularmente seu relacionamento com Deus e com as pessoas. O homem de Deus vai atrás *dessas áreas* ao aquiescer a um *forte passo de arrependimento* em cada área. Veja como:

- Anunciar sua oposição ao mal por meio de oração em voz alta.
- Pedir a Deus que lhe mostre áreas de sua vida nas quais você não gosta da autoridade dele ou não a quer. Pergunte a Deus: "Onde há tensão em relação a seu controle em minha vida? Estou disposto a ir? A quais processos estou resistindo?". Escreva num papel aquilo que lhe vier à mente.
- Aceitar responsabilidade por essa tensão e admitir que pecou contra Deus e os outros.
- Declarar a presença de Deus e suas bênçãos em sua vida e submeter-se à sua autoridade total.
- Perguntar a ele se existe alguém contra quem você guarda amargura ou ressentimento, confessar o pecado da falta de perdão e libertar aquela pessoa por aquilo que ela fez.
- Disciplinar sua mente ordenando-a de acordo com a Palavra de Deus, dedicando-se a um gerenciamento agressivo e amando a Deus em sua vida de pensamentos.
- Declarar guerra contra qualquer pecado habitual, inspecionando-o com a luz da Palavra de Deus. Vê-lo como ele de

fato é: pecado. Tomar posse dele e amputá-lo de sua vida (leia Marcos 9.43-47 para seguir o protocolo). Assim, seu estilo de vida será alterado de maneira permanente e visível.

Talvez os pontos de apoio sejam pequenos, mas podem crescer quando não são tratados. Todos os comportamentos acima refletem uma mudança de mente, uma consciência de realidade e verdade e uma resposta consistente com sua identidade em Cristo. Indo mais diretamente ao ponto, esses são *comportamentos de luta* que enviam uma mensagem forte e clara de que você possui um novo compromisso de estar *debaixo* da autoridade de Deus para ser um melhor gerente *da* autoridade dele.

A posição de vantagem na luta contra o mal é a autoridade.

Ceda à autoridade.

16

Armado e extremamente perigoso: parte 1

> A coragem de um soldado é exaltada por seu conhecimento da profissão, e ele só deseja uma oportunidade para executar aquilo de que ele está convencido de que foi perfeitamente ensinado. Um punhado de homens, habituados à guerra, prossegue rumo à vitória certa, enquanto, ao contrário, diversos exércitos de tropas inexperientes e indisciplinadas nada mais são do que multidões de homens arrastadas para o massacre.
>
> Flávio Vegécio Renato, *De Re Militari*, 390 d.C.

Como pude terminar numa delegacia do outro lado do mundo, prestes a ser interrogado por um oficial da KGB?

Não era assim que tinha imaginado meu dia. Para ser honesto, ele começou de forma bastante inocente. Minha equipe da "Estrela do Norte" (Matt, Scott e Tom) saiu do hotel para se encontrar com uma equipe de filmagem que seria enviada para nos filmar durante um evangelismo atrás da cortina de ferro em terras comunistas. O vídeo seria usado no recrutamento de outros jovens cães pastores para que colaborassem no que estávamos fazendo. A cidade de veraneio de Sochi, situada na Rússia junto ao mar Negro, era nossa última parada como turistas disfarçados, viajando pela URSS no papel de estudantes que queriam aprender mais sobre a cultura.

Essa era a história que estávamos usando.

Nossos "intercâmbios culturais" nas outras cidades que visitamos de alguma maneira sempre desviaram para o tópico da religião, fé e espiritualidade. Vá entender. Em visitas a Moscou, Erevan (capital da Armênia) e Almaty (no Cazaquistão) conseguimos ajudar alguns de nossos novos amigos a conhecer nosso Pai, e trocamos alguns materiais. Até esse momento, fora uma aventura, uma experiência arriscada que ficava ainda mais excitante pelo fato de que éramos seguidos a maior parte do tempo. Estávamos brincando de gato e rato com membros do baixo escalão da KGB por onde quer que fôssemos.

Mas, como todo passeio numa montanha-russa — desculpe o trocadilho —, existe aquela última curva e o trecho reto no qual os freios a ar fazem barulho enquanto você começa a reduzir a velocidade para desembarcar. Esses éramos nós em Sochi. Estávamos andando à base de adrenalina, com batimentos cardíacos espirituais começando a diminuir, e tudo o que restava era dar uma entrevista para a câmera sobre nossas proezas *no* país. É desnecessário dizer que o clima era positivo quando saímos do hotel após o café da manhã. Imagine você que ainda estávamos bem cientes de que poderíamos ser seguidos como americanos, mas havíamos chegado até esse ponto sem nenhum incidente, e pensávamos que já sabíamos tudo sobre o sistema.

Estávamos errados.

Tomamos o café da manhã e nos encaminhamos à praia para passear, tirar fotos e fazer compras. Naquele dia, em vez de orar por pessoas com as quais nos encontraríamos e com quem falaríamos, estávamos nos encontrando com uma equipe de filmagem que também tentava passar despercebida. Depois de vinte minutos, avistamos o grupo e o seguimos até o local que ele havia escolhido para filmar essas entrevistas. Sentamos num banco entre duas estruturas de um único andar que pareciam pertencer a uma escola.

Imediatamente, o câmera se colocou numa posição oculta e as entrevistas começaram. Para causar impacto, todos deveriam responder à primeira pergunta dizendo: "Estou na União Soviética neste momento, e já estivemos em Moscou, Erevan e Alma-Ata [atual Astana]". Aquilo deveria ter a aparência de uma conversa comum. A câmera era mantida abaixo da linha dos olhos.

Mais ou menos no meio da primeira entrevista, percebi várias pessoas mais velhas olhando para nós de dentro dos prédios. Isso aconteceu três ou quatro vezes, mas não foi suficiente para nos alarmar. Então, uma mulher mais velha, com meio metro de altura e vestindo robe e chinelos, saiu para dar uma olhada em nós. Foi então que percebemos que aquele talvez não fosse o melhor lugar para filmar nossas entrevistas. Mas já era tarde demais.

Cerca de trinta segundos depois, dois guardas, acompanhados por dois homens de terno branco da escola (na verdade, era um sanatório para doentes mentais) vieram caminhando pelo corredor em nossa direção. Tentamos permanecer calmos, mas estávamos quase sujando as calças. Todos nós estávamos agora orando por livramento daquilo que sabíamos que seria uma visita mais longa à polícia.

> Tentamos permanecer calmos, mas estávamos quase sujando as calças.

Na Rússia de hoje, isso não teria dado em nada. Mas lá na era pré-Gorbachev, do comunismo linha-dura, seis americanos fora de lugar causariam uma comoção. O país estava sob o jugo do ateísmo imposto pelo Estado por cerca de setenta anos e não era generoso com ocidentais que procuravam questionar seu estilo de vida.

Nenhum de nós falava, mas *todos nós* orávamos pedindo livramento. Aquilo poderia ser realmente ruim.

Fomos escoltados a uma delegacia local e solicitados a sentar e esperar. Cerca de dez minutos depois, um homem grande e corpulento entrou com um jornal embaixo do braço. Deu uma olhada nos guardas, que saíram rapidamente, e então, como se esperasse o momento certo, jogou seu jornal sobre a mesa perto de nós. Quando o jornal atingiu a mesa, um barulho muito intenso revelou seu conteúdo, e ele se desenrolou. Os olhos de todos se voltaram para uma pistola automática Glock de 9 milímetros.

Se ele estava querendo criar um efeito, então conseguiu nossa total atenção. Aquela *não era* a sala do diretor da escola primária. Felizmente, apenas um de nós era fluente em russo, de modo que coube a ele ter o primeiro bate-papo com o homem da Glock. Ele pegou sua pistola e arrastou meu colega Scott até outra sala para interrogatório. Graças a Deus já havíamos distribuído todo o nosso *material* nas outras três cidades. Não havia evidência física de que estivéssemos fazendo qualquer coisa errada.

Havíamos recebido um pequeno treinamento sobre o que dizer no caso de sermos levados a interrogatório. Mas até que chega o momento, você nunca sabe como reagirá. O tempo todo eu estava pensando em Paulo e Silas na prisão de Filipos. Eles estavam fazendo coisas que não deviam estar fazendo num ambiente estrangeiro e foram pegos. Em vez de ceder ao medo, porém, eles "estavam orando e cantando hinos a Deus" (At 16.25). Eles continuaram a batalhar.

Uma vez que ainda não estávamos atrás das grades, não começamos a cantar, mas de fato passamos a orar, pedindo o mesmo tipo de livramento miraculoso. Depois de cerca de vinte minutos de questionamento, o som de cadeiras sendo arrastadas para trás pôde ser ouvido, seguido por passos rumo à porta; então, a fechadura se moveu. Por ali entraram Scott e o cara da KGB. Ele olhou para nós três e simplesmente disse: "*Svodnya*". "Livres".

Estávamos livres para ir embora. Você disse *catarse*? Não fomos algemados, mas, assim como no livro de Atos, sentimos as portas se abrirem e praticamente saímos flutuando daquela delegacia. É desnecessário dizer que o grupo Estrela do Norte, de 1985, contará essa história a seus netos. E, para eles, a história parecerá uma aventura ainda maior e mais encantadora por conta do que descobrimos ao voltar para casa.

Algumas semanas depois, de volta à Califórnia, nós nos encontramos de novo. É claro que não conseguimos deixar de reviver nossa lenda urbana de termos sido detidos sob a mira de um revólver num posto da KGB. Como que repensando, Matt adicionou que sua mãe foi tirada de um sono profundo naquela noite, às 3 da manhã, com um forte desejo de orar por ele.

— Você está brincando! A minha mãe também! — disse Tom.

— Que estranho, a minha também — aderiu Scott.

Minha mãe deve ter chegado tarde do bingo na igreja St. Joseph ou algo assim, porque ela *não* acordou. Mas foi definitivamente um estranho denominador comum entre as mães. E poderia ter terminado ali, mas Tom ainda teve a ousadia de perguntar:

— Em que noite aconteceu isso?

As três mães escreveram a resposta. Quando comparamos nossos diários, vimos que a hora e a data batiam *perfeitamente* — bem na hora em que estávamos naquela delegacia! Estou falando sério.

Ao que parece, a cavalaria de Deus estava lançando fogo de cobertura para livrar os cães pastores dos lobos.

E, sim, meus filhos *realmente* conhecem essa história. Minha oração é que os filhos deles também a conheçam. É um testemunho de como o poder de Deus é exercido através de seu povo. Nossos filhos precisam saber que aquilo que Satanás planeja para o mal, Deus pode transformar em bem. A batalha espiritual não é fantasia ou algum enredo de uma boa historia de ficção. Temos armas verdadeiras à nossa disposição e, como diz a velha canção, elas podem "abrir portas de prisão e libertar os cativos".

Acima de tudo, quero que meus filhos sejam desafiados a lutar a batalha de um cristão e que realmente lutem.

> É verdade que somos humanos, mas não empregamos planos e métodos humanos para ganhar batalhas. As armas que *usamos* não são humanas; ao contrário, são poderosas armas de Deus para derrubar fortalezas.
>
> 2Coríntios 10.3-4, NBV

Quero que eles saibam que um cristão nunca está fora da luta, pois ele tem armas que são letais além deste mundo.

Poderosas armas de poder divino para derrubar o mal. Não é esse o sonho de todo homem?

Você conhece suas armas?

A Bíblia ensina que as armas de Deus foram criadas para serem usadas. *Usadas*. Em vez de o quê? Permita-me dizer:

- usadas em vez de *se conversar sobre elas*
- usadas em vez de *ignoradas*
- usadas em vez de *estudadas*
- usadas em vez de *debatidas*
- usadas em vez de *evitadas*
- usadas em vez de *pregadas*
- usadas em vez de *abusadas*
- usadas em vez de *desprezadas.*

Não quero insistir demais nisso, mas é muito comum nós, homens, gostarmos de nos ver como leais a Cristo e, ao mesmo tempo, não querermos usar suas armas.

Se recebêssemos nota pela familiaridade com nossas armas, como acontece em qualquer exército permanente, tremo só de pensar o que nossos instrutores espirituais diriam. "*Há quanto tempo* você é cristão, rapaz?" Entende o que eu digo? Esse seria você? A Bíblia presume que todos nós de fato *usaremos* as armas que *nos* foram entregues. Não estaria sendo tão cínico se eu não estivesse treinando homens pelo mundo afora para usar as armas de Deus e tendo que primeiramente *familiarizá-los* com o próprio conceito. Como treinador, isso é terrivelmente vergonhoso. Mas essa ignorância e a vergonha sadia que ela produz se pagam através da competência e da confiança. Você não quer usar as "poderosas armas de Deus para derrubar fortalezas"?

Deixe-me colocar a questão da seguinte maneira: sobre o que conversam os veteranos de guerra quando se encontram? As batalhas que os definiram. Por que o vínculo que os une é tão forte? Pelo mesmo motivo. Agora, pergunte a si mesmo: o que você está realmente deixando escapar em sua vida que poderia criar esse tipo de vínculo? E como você acha que vamos chegar lá? Certo: lutando batalhas.

Bem, meu irmão, você não pode entrar numa batalha contra o mal sem ter intimidade com as armas de Deus. E nós teremos uma eternidade para trocar histórias, de modo que precisamos começar a conversar sobre como usar essas belezuras em nossa luta contra o mal.

Satanás quer impedir que você se torne especialista em qualquer uma delas.

Conheça sua posição em Cristo

Como já vimos, o conhecimento do mal e de nossa posição em Cristo é a primeira arma a ser usada nessa luta. Satanás não apenas tenta limitar ou distorcer as informações táticas e a consciência sobre ele próprio, como tem os mesmos objetivos em relação à sua posição e *à autoridade que a comanda*. O simples dizer "Estou em Cristo" já é um golpe para ele. Essa identidade e união, uma vez internalizadas, ativam sua autoridade. São a chave que abre a porta para o poder espiritual.

> Oro também para que os olhos do coração de vocês sejam iluminados, *a fim de que vocês conheçam* a esperança para a qual ele os chamou, as riquezas da gloriosa herança dele nos santos *e a incomparável grandeza do seu poder para conosco, os que cremos, conforme a atuação da sua poderosa força.* Esse *poder* ele exerceu em Cristo, ressuscitando-o dos mortos e fazendo-o assentar-se à sua direita, nas regiões celestiais, muito *acima de todo* governo e autoridade, poder e domínio, e de todo nome que se possa mencionar, não apenas *nesta era*, mas também na que há de vir.
>
> Efésios 1.18-21

Por que Paulo ora por isso, e por que Satanás tenta impedir que tal entendimento aconteça? É uma questão de *poder*, e aquele que está prestes a perder poder não é você; é ele! "A fim de que vocês conheçam" o quê? Resposta: que sua *total* identificação e sua *total* união espiritual em Cristo colocam você numa posição de *poder contra Satanás.* O Diabo não pode suportar a ideia de você exercer governo, poder, autoridade e domínio em Cristo sobre o mal *agora*, "nesta era".

Portanto, homem de Deus, quando tiver uma chance, diga-lhe de modo sério, e seja sério ao dizer: "Estou em Cristo. Minha identidade foi eclipsada. Fui investido de autoridade plena. Pessoalmente reconheço, aceito e me aproprio dessa autoridade no nome poderoso de Jesus". Diga isso com frequência para lembrar a si mesmo e a Satanás que você sabe quem é e que ele também deveria saber. A consciência que você tem de sua identidade espiritual é a base e a energia para todas as outras armas.

Ore em nome de Cristo

Quando encontro homens da comunidade e os convido para nossa reunião semanal de homens, eu lhes digo: "Apareça lá na manhã de quinta e eu lhe pago o café da manhã. Apenas diga à atendente: 'O pastor Kenny me convidou para tomar café hoje', e pronto". Meu nome é tudo o que eles precisam dizer na fila da lanchonete porque ele define *minha posição* e *minha autoridade* como pastor na minha igreja.

Pedidos autorizados por Jesus são honrados quando você ora no nome dele. O homem de Deus fala contra as forças das trevas numa linguagem *que elas entendem*. Quando estiver em dúvida, simplesmente diga o nome. Quando estiver confuso, em conflito ou ameaçado, diga o nome. Não precisa exagerar; apenas diga de uma vez. Se você declarar o *senhorio válido* dele e a sua conexão com ele, existe uma *autoridade válida* mediante o nome dele. Fim de papo. Use a arma de maneira específica e rápida: "Repreendo todo o mal nesta situação em nome do Senhor Jesus Cristo". O segredo é ser simples, claro e confiante em sua identidade e em sua conexão com Cristo.

> O homem de Deus não precisa de mais autoridade em Cristo; ele precisa de *mais intimidade com Cristo* para fazer sua autoridade *funcionar.*

Mas deixe-me lançar uma advertência: orar em nome de Jesus *não é* uma varinha mágica. Assim como os homens para quem eu pago o café da manhã, ao permitir que usem o meu nome, a questão para o homem de Deus deve ser: "Qual é a *qualidade* da minha conexão com Cristo?". É um ponto de referência para o pedido que ou faz com que ele tenha sentido ou o diminui. Nesse sentido, o homem de Deus não precisa de mais autoridade em Cristo; ele precisa de *mais intimidade com Cristo* para fazer sua autoridade *funcionar.* Se sua conexão com Jesus é real, atual e autêntica, então você tem liberdade e confiança para orar em seu nome. É por isso que Jesus disse "Até agora vocês não pediram nada em meu nome. Peçam e receberão, para que a alegria de vocês seja completa" (Jo 16.24). Pergunte a si mesmo: "Como está minha intimidade com Jesus?". Então, siga em frente no nome dele, ou arrependa-se e vá em frente a partir de um ponto de relacionamento autêntico. Se o relacionamento for sólido, assim será a natureza do pedido.

Boa intimidade produz bons pedidos. Bons pedidos vencem boas lutas.

Concorde rapidamente com sua consciência

Sua consciência é um sistema frontal de mísseis de defesa instalado por Deus para sua luta contra o mal. É um sofisticado radar espiritual: "O espírito do homem é a lâmpada do SENHOR, e vasculha cada parte do seu ser" (Pv 20.27). Esse é o contexto original da luz "que brilha cada vez mais" (cf. 4.18) dentro do homem. É a *consciência da luta*.

A Bíblia sempre apoia sua consciência. Quando você se entrega a Deus, sua consciência é redimida. E, embora Deus a afirme continuamente, Satanás procura remoldá-la. A carne também tenta afogá-la. O Espírito Santo a guia e molda, mas o mundo minimiza sua influência, a fim de que seus apetites e "direitos" individuais possam obter espaço. A consciência é redimida num homem que está entregue a Deus. E saiba de uma coisa: sua consciência pode ser ferida quando você não responde a ela no momento correto. O hábito mata. O Espírito Santo sempre validará e insistirá com você para realizar o bem de acordo com as advertências de sua consciência, incitando você a retornar, em vez de se afastar:

> O Espírito diz claramente que nos últimos tempos alguns abandonarão a fé e seguirão espíritos enganadores e doutrinas de

demônios. Tais ensinamentos vêm de homens hipócritas e mentirosos, que têm a consciência cauterizada.

1Timóteo 4.1-2

Entendeu? A cauterização da consciência é uma estratégia intencional do mal. Quando ignoramos as instruções do Espírito Santo, estamos dessensibilizando nossa arma.

Aproprie-se do Espírito Santo e coopere com ele diariamente

Quando viajo, nunca alugo um carro que não tenha um aparelho de GPS. Não quero perder tempo com mapas. Quero chegar lá. Existe apenas um passo: eu preciso *ligá-lo*. O sistema pode estar ali, mas, se eu não usá-lo ou não seguir suas instruções, não chegarei a lugar algum. Entendeu o lance? É simples.

Ainda assim, quando se trata de nosso relacionamento com o Espírito Santo, de algum modo terminamos complicando tudo. A Bíblia nos diz que devemos fazer apenas duas coisas quando se trata do Espírito Santo: apropriar e cooperar. Nós nos apropriamos de sua liderança, influência e controle diário simplesmente aos nos colocarmos debaixo de seu controle. Não importa se você é pastor ou um cristão recém-convertido. Todos nós devemos praticar essa disciplina diária para ganharmos a luta contra o mal. Nós "ligamos" o que já existe lá dentro, ao dizer: "Espírito Santo, entrego-me ao seu controle hoje. Guie-me, conduza-me e controle-me". Como eu disse, simples, mas também *difícil*, porque Satanás se opõe ferozmente à nossa submissão a essa liderança. É uma questão de *poder*. "Oro para que, com as suas gloriosas riquezas, ele os fortaleça no íntimo do seu ser com poder, por meio do seu Espírito." (Ef 3.16.)

Nós *ativamos* o sistema ao orar isso *agora mesmo*. Então, devemos *cooperar* com o Espírito indo aonde ele nos diz para ir em nossas ações e atitudes. Esta é a parte interativa: "Orem no Espírito em todas as ocasiões, com toda oração e súplica; tendo isso em mente, estejam atentos e perseverem na oração por todos os santos" (Ef 6.18). Essa passagem descreve o cenário de um campo de batalha que exige comunicação estreita. Jesus disse a seus discípulos que o Espírito Santo seria seu GPS residindo neles para guiá-los durante a luta.

Numa guerra, a primeira coisa que um inimigo tentará fazer será destruir sua capacidade de se comunicar. Mas o homem de Deus discerne a voz do Espírito Santo de maneira muito simples: ela é sempre consistente com o caráter de Deus e sua Palavra. Basta perguntar: "Isso se alinha com o caráter de Cristo e sua Palavra?". Se a resposta for positiva, esse é o Espírito Santo. Se não for, não é. Isso é luta em sua forma mais básica. O Espírito Santo sempre lhe dará uma "febre" se uma ação ou atitude estiver ligada ao mal. Ele fará você parar e sentir um conflito em relação a certas decisões que podem provocar impacto em seu relacionamento com Deus e com as pessoas. Mas por meio de apropriação e cooperação regular com o Espírito, o homem de Deus aprende a ouvir a pausa e desenvolve um "pressentimento" justo, um discernimento que se torna agudo. Essa é a vantagem tática dele graças ao seu SCES (*Sistema de Comunicação do Espírito Santo*).

Já vi as poderosas armas de Deus trabalhando poderosamente em minha vida, e odeio pensar no fato de que essas armas estão pegando poeira na vida de muitos homens devido à ignorância e à incompetência. Por padrão, estamos dando permissão a Satanás para prosseguir sua campanha. *No más!* Chega! Devemos nos tornar mestres na confrontação e no tratamento do mal.

No capítulo seguinte continuaremos nossa passagem pelo arsenal com algumas surpresas e novos desafios para ficarmos "afiados". Não se engane: queremos um entendimento *funcional* de cada arma — não apenas algo intelectual. Um é bom para a batalha, o outro não serve para nada.

Lembre-se, soldado, de que todo esforço que você faz para integrar e usar as armas de Deus em sua vida vai contra o mal. Mais importante, ele faz com que Satanás e seus agentes se recolham, preparem as tropas novamente e repensem os planos de ação. É disso que a gente gosta. Em vez de ver o homem de Deus bater em retirada, podemos ter uma nova estratégia: colocar o mal para correr. Parece melhor, não é? *Isso* é o que acontece quando decidimos usar essas armas.

Resultado: aquelas portas de prisão vão simplesmente continuar escancaradas.

17

Armado e extremamente perigoso: parte 2

Qui desiderat pacem, praeparet bellum.
Do latim: "Aquele que deseja a paz, que se prepare para a guerra".
Flávio Vegécio Renato

No livro *O único sobrevivente*, somos apresentados a um guerreiro entre guerreiros:

> Meu nome é Marcus. Marcus Luttrell. Sou um Seal da Marinha dos Estados Unidos, líder de equipe, equipe 1 do SDV, pelotão Alfa. Como qualquer outro Seal, tenho treinamento em armas, demolição e combate não armado. Sou franco-atirador e faço parte do pelotão médico. Mas, acima de tudo, sou americano. E, quando o sino tocar, sairei lutando por meu país e por meus colegas. Se necessário, até a morte. Isso não acontece porque os Seals me treinaram para fazer isso; é porque estou disposto a agir assim [...]. Para mim, a derrota é algo impensável.[1]

Marcus é um cão pastor de elite que se importa profundamente com a proteção das ovelhas. Sua confiança é assustadora e bastante real. E, se você se importa em saber como um homem pode ser tão supremamente seguro de si sem ser arrogante, deve ler esse livro. Desde a primeira linha, é possível sentir isso transpirando dele, e você sabe que é verdadeiro. Marcus sabe quem é e do que é capaz quando plenamente investido de sua identidade e responsabilidade. E ele foi equipado com armas e treinamento.

Você poderia dizer que ele tem *intimidade* com seu equipamento. Ao ler sua história de sobrevivência e batalha nas montanhas de Hindu Kush, saberá por que ele sobrevive e o inimigo morre aos montes. Ou, de acordo com as próprias palavras de Marcus, "Ninguém consegue atirar como nós". É essa combinação de treinamento, identidade, orgulho sadio e habilidade na luta que faz com que você ame esse cara e, ao mesmo tempo, coloca medo no coração daqueles que se envolvem com ele.

Ele não é apenas bom; é *bom mesmo.* Ele tem de ser, ou não poderia dizer que é um Seal.

Vilões, cuidado.

Apto para a luta

Um dos principais objetivos desta discussão é aumentar nossa sensibilidade a um fato importantíssimo: as armas são tão boas quanto nosso treinamento. Neste momento, penso que você sente lá dentro, como eu, essa responsabilidade inerente de treinar com suas armas — treinar, carregar, habituar-se e comparecer. E, sim, penso que é seguro dizer que *há um espírito de parentesco com o Senhor Jesus Cristo* se movendo dentro de nós. É uma realidade espiritual, uma irmandade nascida da batalha e do sangue, fundamentada numa tradição de orgulho e forjada da disposição de um Homem de entregar sua vida por nós.

Não somos capazes de explicar por inteiro essa conexão, mas o que realmente sabemos é isto: cada homem de Deus vê Jesus *como um homem.* Isso significa que você deseja lutar da maneira como Jesus lutou, sacrificar-se da maneira que ele se sacrificou e conquistar a liberdade para outra pessoa da maneira que ele o libertou.

> Ao levar muitos filhos à glória, convinha que Deus, por causa de quem e por meio de quem tudo existe, tornasse perfeito, mediante o sofrimento, o autor da salvação deles. Ora, tanto o que santifica quanto os que são santificados provêm de um só. Por isso *Jesus não se envergonha de chamá-los irmãos.*
>
> Hebreus 2.10-11

As mulheres podem apreciar esse sentimento, até mesmo aplaudi-lo. Mas elas não conseguem sentir o elo masculino ou nossa responsabilidade compartilhada como homens. Isso é coisa de *irmãos*. É por isso que, como homens de Deus lutadores, nós *vivemos* a linguagem das armas, demolições e lutas corpo a corpo com nosso inimigo. Não porque sejamos Seals sem experiência prática, mas porque todos esses conceitos estão no manual de treinamento. Nossa identidade e nossa responsabilidade nos levam a sermos proficientes em todas aquelas situações, de todas as formas. Senão...

Senão o quê? Senão, você não poderá chamar a si mesmo de homem de Deus.

A Palavra de Deus

Os soldados romanos se exercitavam e treinavam pesado com a espada. Sendo mais específico, eles eram treinados a enfiar a espada no inimigo em vez de cortar com ela. Na verdade, eles zombavam daqueles que preferiam o corte ao golpe, e gostavam de uma batalha de estilos. O estrategista romano Flávio Vegécio Renato explica o motivo:

> Pois os romanos não apenas zombavam dos que lutavam com o gume daquela arma, mas sempre os consideravam uma conquista fácil. Um ataque com o gume, ainda que desferido com grande força, raramente mata, uma vez que as partes vitais do corpo

> são defendidas tanto pelos ossos quanto pela armadura. Ao contrário, uma facada, ainda que penetre apenas cinco centímetros, geralmente é fatal [...]. Esse era o principal método de luta usado pelos romanos, e a razão de exercitar os recrutas com armas de tamanho peso era, em primeiro lugar, que quando viessem a carregar as comuns, muito mais leves, a maior diferença pudesse capacitá-los a agir com maior segurança e desprendimento no momento da ação.[2]

A espada era a arma de defesa principal de um soldado romano. Ele treinava com ela mais do que com qualquer outra arma, e aprendia como manejá-la de modo *letal*. Um *golpe* (como que uma facada) realizava o trabalho, enquanto o corte dava ao inimigo uma segunda chance. O autor de Hebreus mostra que também tinha intimidade com uma espada e qual era a melhor maneira de um homem de Deus manejá-la numa batalha: "Pois a palavra de Deus é viva e eficaz, e *mais afiada* que qualquer espada de dois gumes; ela *penetra* até o ponto de dividir alma e espírito, juntas e medulas, e *julga* os pensamentos e intenções do coração" (Hb 4.12).

"Ao contrário, uma facada, ainda que penetre apenas cinco centímetros, geralmente é fatal."

Existe uma comparação e um contraste aqui entre apenas esfolar o mal e matá-lo por meio de uma profunda penetração da Palavra no coração. Mais especificamente, o resultado final de um golpe forte da Palavra de Deus é um *julgamento*. É *isso* que o homem de Deus procura em suas lutas contra o engano, a tentação e a acusação em nível pessoal. E é *isso* que ele busca numa confrontação direta com o mal.

Um soldado romano se movia para aparar um golpe com seu escudo, criar espaço e então dar um passo e um golpe com sua espada estrategicamente na carne de seu inimigo. De modo similar, o homem de Deus se defende ao dar um golpe com o escudo de sua fé, posicionando a espada da Palavra de Deus e usando-a para golpear o coração do mal. Testemunhamos o uso dessa abordagem por Jesus em Lucas 4. Ele desviou um ataque de Satanás referindo-se às Escrituras, dizendo "Está escrito" para rebater o golpe dado por Satanás contra ele, e prosseguiu dizendo "Adore o Senhor, o seu Deus, e só a ele preste culto". Cada resposta foi um golpe forte, falado e mortalmente preciso no coração do Tentador. O padrão dessa dança mortal seguiu um ritmo: tentação, desvio, golpe; tentação, desvio, golpe, e assim por diante. No final, o Homem foi o único a permanecer em pé.

O coração do homem de Deus é uma enorme bainha na qual está a Palavra de Deus. Sua língua representa o apertão firme e confiante de uma mão forte no punho da espada, pronta para desembainhá-la a qualquer momento e desferir um golpe com ela em qualquer situação que se coloque contra você, contra sua fé ou contra seu compromisso com os propósitos de Deus. Essa é nossa cultura como homens de Deus e homens de guerra espiritual. Nós nos certificamos de que estamos carregados e prontos, cheios da Palavra.

Veja nossa irmandade da espada, Jó e Elifaz, do Antigo Testamento, garantindo que o outro esteja pronto para desviar e atacar: "Aceite a instrução que vem da sua boca e ponha no coração as suas palavras", diz Elifaz a Jó. E Jó responde: "Não me afastei dos mandamentos dos seus lábios; dei mais valor às palavras de sua boca do que ao meu pão de cada dia" (Jó 22.22; 23.12). É um retrato de prioridade e proximidade da Palavra de Deus a um soldado de Deus. Assim como o melhor amigo de um Seal durante a batalha é seu rifle, a melhor companhia de um homem de Deus numa luta é a Palavra de Deus. Não podemos viver sem ela, e não podemos lutar sem ela.

Em nossa guerra contra o mal, Satanás tenta nos tornar negligentes com nossa espada ao manipular ou distorcer as Escrituras para que se encaixem em seus objetivos. É a sutil mas eficiente desinformação que a Bíblia chama de "doutrinas de demônios" (1Tm 4.1). Você sabe que um homem está engolindo essas coisas quando, em questões-chave de fé, ele sustenta visões não bíblicas, baseadas em sentimentos, opiniões ou interesses pessoais. Essas visões podem parecer críveis no início, mas estão fadadas a sabotar o homem que as sustenta.

Nesses casos, há uma troca de posições: a Palavra de Deus é usurpada pelas opiniões do homem. Quando a Palavra de Deus deixa de ser nossa autoridade absoluta, Satanás pode mexer conosco e dizer: "Bem, Deus realmente não desejava isso". Você sabe que está encontrando uma doutrina maligna mascarada de doutrina bíblica quando ela serve aos interesses ou ao orgulho do homem. Ela pode até mesmo cheirar como *religiosa.* Cuidado com essas fraudes.

> Pois tais homens são falsos apóstolos, obreiros enganosos, fingindo-se apóstolos de Cristo. Isto não é de admirar, pois o próprio Satanás se disfarça de anjo de luz. Portanto, não é surpresa que os seus servos finjam que são servos da justiça. O fim deles será o que as suas ações merecem.
>
> 2Coríntios 11.13-15

Apenas lembre-se de que é o mal por trás da máscara.

A espada da Palavra de Deus à mão, um forte senso de identidade em Cristo, consciência de sua autoridade em Cristo e firmeza de propósito no Espírito Santo são mais do que adequados para combater o mal. "A boca do justo profere sabedoria, e a sua língua fala conforme a justiça. Ele traz no coração a lei do seu Deus; nunca pisará em falso" (Sl 37.30-31).

Conheça sua arma intimamente. Esteja pronto para desembainhá-la. E não apenas esfole — golpeie.

A verdade

Há apenas duas forças que moldam e influenciam o coração dos homens: *verdade* e *mentiras*. Tudo o que ganha a batalha pelo coração de um homem ganha a batalha por seu caráter. O caráter de um homem guia sua conduta, moldando a zona de impacto de sua influência. Essa conduta criará saúde e vida ou doença e morte para aqueles que o cercam.

É por isso que vemos Jesus definindo a si mesmo como *verdade* e *vida*. Satanás é o oposto exato de Jesus: "pai da mentira" (Jo 8.44) e "aquele que tem o poder da morte" (Hb 2.14). E o homem é pego no fogo cruzado.

Quanto mais vivemos na verdade, mais liberdade experimentamos com Deus e as pessoas. Quanto mais engolimos as mentiras, mais escravidão experimentamos em nossa carne. É por isso que Jesus fez a seu Pai um pedido especial por nós antes de deixar a terra. Ao orar por seus discípulos daquela época e do futuro, ele pediu a Deus: "Faze-os santos — consagrados — com tua verdade" (Jo 17.17, AM). Por que ele orou assim? Ele sabia que, no final, um forte relacionamento com a verdade da parte de seus homens significaria uma relação igualmente contrária com o mal e o Diabo.

A batalha para ser um homem de verdade é uma batalha travada em muitas frentes. Ele é

- Capaz de ser honesto com Deus.
- Capaz de ser honesto consigo mesmo.
- Capaz de ser honesto com os outros.
- Aberto ao aprendizado diante da verdade desconfortável.

- Bom com a realidade, sem ter medo dela.
- Bom em satisfazer as exigências da realidade e mudar de acordo com ela.
- Desejoso de usar a verdade como bússola para tomada de decisões.
- Embebido na verdade de Deus na Bíblia.
- Proativo em aplicar a verdade quando ela é descoberta.
- Preocupado em buscar pessoas da verdade a quem prestar contas.
- Ansioso por assumir responsabilidade.

Nas Escrituras, a verdade é apresentada como um cinto que ajusta todos os outros acessórios da vestimenta de um guerreiro. É a primeira coisa que aparece: "Assim, mantenham-se firmes, cingindo-se com o cinto da verdade" (Ef 6.14). É fundamental para a luta. No final, cada encontro que você tiver com o mal é um *encontro de verdade*. A verdade confrontará a mentira, assim como o bem confronta o mal, como o Espírito Santo confronta a carne e como a Palavra de Deus confronta os valores do mundo. Todos esses são encontros de verdade. Assim como o Eixo e os Aliados lutaram de maneira cruel e sem descanso em El Alamein, na Normandia e em Stalingrado, o mesmo acontece com as forças da justiça e as forças das trevas na batalha pela verdade. Uma enorme quantidade de recursos está colocada ali.

> ***Lutando***
> *Ser íntimo da verdade é sinônimo de habilidade para lidar de maneira letal com o mal em todas as formas e em todos os níveis.*

Por quê? Simples: a verdade sempre muda a maré contra o mal porque a verdade expõe o mal. Viver na verdade liberta do mal, e falar a verdade derrota o mal.

Pense nisso em sua própria vida. A verdade é o que *é*, não aquilo que se encaixa em seus sentimentos. A verdade é o jeito que as coisas *são*, não o jeito que você gostaria que as coisas fossem. A verdade é o modo que Deus diz que as coisas são; tudo o mais é uma opinião. É o que a luz brilhante mostra sobre a situação, não o que as trevas tentam ocultar. A verdade é o fim da linha para o mal:

> "Este é o julgamento: a luz veio ao mundo, mas os homens amaram as trevas, e não a luz, porque as suas obras eram más. Quem pratica o mal odeia a luz e não se aproxima da luz, temendo que as suas obras sejam manifestas. Mas quem pratica a verdade vem para a luz, para que se veja claramente que as suas obras são realizadas por intermédio de Deus".
>
> João 3.19-21

O homem de Deus se coloca de bom grado diante da luz da verdade. Ele aprendeu a não temê-la porque os homens sábios sabem que toda verdade é verdade de Deus.

O sangue

Certa vez perguntei a um amigo meu do Meio-Oeste o que o sangue representa para ele, e ele respondeu sem hesitação: "Sangue é vida". Em outras palavras, o sangue é fundamental para a existência; é o que proporciona a vida e a sustém. Ele contém toda a história da criação, do homem e da fé, tudo num único significado. Portanto, sangue é vida.

O homem de Deus tem uma ligação ainda mais profunda com o sangue porque a fé em Cristo o coloca face a face com o sangue de Cristo. Em resumo, sem sangue não há perdão. Sem perdão não há céu. Os teólogos chamam isso de expiação substitutiva: o sangue dele pelos nossos pecados. Chamo isso de enlouquecedor.

O sangue é o que contribui para nossa comunhão instantânea com outros cristãos e nosso senso comum de gratidão a Deus. Temos a maior dívida possível com Deus pelo sangue de seu Filho em nosso favor. É por isso que, ao mesmo tempo, clamamos e cantamos o velho hino: "Quem me poderá salvar? Cristo que verteu seu sangue".

De modo similar, embora eu não chame isso de comunhão, adivinhe o que você e Satanás mais têm em comum? *O sangue.* Mas é aqui que termina a semelhança, pois você não poderia ter uma relação mais invertida com qualquer outra coisa do que tem aqui. Satanás foi derrotado pelo sangue; você foi limpo por ele. Satanás foi traído pelo sangue; você foi resgatado por ele. Satanás foi humilhado pelo sangue; você foi exaltado por sua confiança nele. A menção do sangue é repelente para ele. É por isso que as Escrituras dizem que aquilo que garantiu nossa vitória inicial sobre Satanás na cruz é uma *arma* para garantir nossa vitória contínua sobre ele como cristãos.

Vamos estudar o filme:

> "Agora veio a salvação, o poder e o Reino do nosso Deus, e a autoridade do seu Cristo, pois foi lançado fora o acusador dos nossos irmãos, que os acusa diante do nosso Deus, dia e noite. Eles o venceram pelo sangue do Cordeiro e pela palavra do testemunho que deram; diante da morte, não amaram a própria vida".
>
> Apocalipse 12.10-11

Para Satanás, o sangue é sinônimo da morte sacrificial de Cristo. Ele provoca seus pesadelos. Jesus arrebatou a vitória de Satanás quando este acreditava que a derrota de Jesus era certa. É um momento de *Hall* da Fama para Cristo, um momento de *Hall* da Vergonha para Satanás. Ele venceu com um gol de placa no último minuto da prorrogação da final da Copa. Você acha que

Satanás gosta de lembrar-se disso? Acha que ele gosta de estar ao lado de quem menciona isso?

Portanto, homem de Deus, essa é sua deixa. Cante sobre ela. Ore sobre ela. Declare-a. Lembre-se dela através da comunhão sincera. Faça o que tem de fazer para relembrar ao Grande Perdedor a razão de ele ter perdido: isso mesmo, *o sangue*. Diga-lhe agora:

> Oh, que preciosa paz,
> Que vem da sua cruz,
> A qual me dá Jesus
> Pelo seu precioso sangue![13]

Ele não vai mais ficar rodeando você. Essa é a linguagem que ele entende. Lance-a direto na cara dele.

A oração

Quando meu irmão cometeu suicídio, foi uma confusão. Por diversas razões. As circunstâncias que envolveram sua morte e as revelações surgidas posteriormente foram devastadoras. Ele feriu muitas pessoas, amigos que conheci e vizinhos com os quais cresci. Para completar, eu é que tive de lidar com todas as questões envolvidas, pois ele morava perto de mim no sul da Califórnia.

Foi uma longa semana de horríveis descobertas sobre seu passado, as vidas que ele havia arruinado e o impacto irreversível de uma vida de crime. Vi-me num nevoeiro à medida que rompi o selo do legista no apartamento dele, avistei sobre a mesa o álcool e as pílulas que ele havia tomado para se matar e iniciei o processo de triagem de seus pertences terrenos. A limpeza, a viagem para o norte da Califórnia, a visão de minha mãe arrasada e o difícil funeral me deixaram esgotado e desgastado emocional e fisicamente. Estava tão acabado que, na noite anterior ao meu retorno ao trabalho, estava embalando a mim mesmo como um bebê, agarrando minha Bíblia junto ao peito e soluçando. Não foi um dos meus momentos de maior orgulho. Sabia que precisava entregar aquilo para Deus, mas até isso parecia difícil.

Naquele momento, reuni energia suficiente para jogar minha Bíblia sobre a mesa de centro e, quando ela caiu aberta, comecei a orar silenciosamente: "Oh, Deus! Oh, Deus! Por favor, me ajude", disse. "Não posso fazer isso, não consigo nem mesmo sair deste sofá. Pai, por favor, ajude-me."

Então, misteriosamente, uma sensação começou a surgir em meus tornozelos e pernas, retirando cada grama de estresse e pressão enquanto subia até minha cabeça. Deus estava respondendo à minha oração de uma maneira que eu jamais havia experimentado e talvez jamais volte a experimentar. A sensação continuou arrancando as emoções negativas dentro de mim como se alguém estivesse literalmente descarregando minha perturbação e substituindo-a por paz. Era tangível, palpável; era maravilhoso. Todo aquele poder surgiu de meu fraco e pequeno esforço de me estender e conectar com Deus. Não é que meus pensamentos ou palavras não tivessem significado nada. A questão foi onde minhas débeis orações se concentraram: numa Pessoa *poderosa*.

Tudo o que *eu* fiz foi convidar a participação dela.

Imagine Tiger Woods como seu parceiro num torneio de golfe, Warren Buffett como seu apoio financeiro para o início de um negócio, ou uma equipe de Seals da Marinha como seus companheiros numa missão. Todos esses caras possuem um poder de fogo considerável, que altera radicalmente as chances de sucesso e inspira sua confiança. E, embora você talvez nunca experimente essas parcerias, a Bíblia diz que Jesus o apoia e está pronto e disposto a batalhar com você e por você — *basta pedir.*

> Antes de tudo, recomendo que se façam súplicas, orações, intercessões e ações de graças por todos os homens; pelos reis e por todos os que exercem autoridade, para que tenhamos uma vida tranquila e pacífica, com toda a piedade e dignidade. Isso é bom e agradável perante Deus, nosso Salvador, que deseja que todos os homens sejam salvos e cheguem ao conhecimento da verdade. Pois há um só Deus e *um só mediador entre Deus e os homens: o homem Cristo Jesus.*
>
> 1Timóteo 2.1-5

Nas palavras de Doc Holliday, no filme *Tombstone — A justiça está chegando*,[4] Jesus diz: "Sou o seu chapa".

Toda oração centrada em Jesus Cristo é uma oração poderosa.

Faz sentido agora, não é? Por que a oração é uma das disciplinas mais difíceis de desenvolver como homem de Deus? Satanás faz todos os esforços, trama interrupções, racionalizações e outras distrações — qualquer coisa para impedi-lo de ficar de joelhos e se conectar com o Deus do Universo. A diferença entre confrontar um homem de Deus que ora e outro que não o faz é como a diferença entre confrontar um cara segurando uma pistola de água ou confrontar Marcus Luttrell segurando uma metralhadora M60. Um cara pode molhá-lo, enquanto o outro vai antecipar seu encontro com Deus.

> A oração é um comportamento de luta.

Sua decisão de orar dá arrepios em todo o mundo do mal porque, mais uma vez, é uma linguagem que eles *entendem e temem* intensamente. Sendo mais preciso, eles sabem quem vai aparecer para defendê-lo. Satanás vai sugerir: "Você pode fazer isso depois". Mas a Bíblia diz: "Orem continuamente" (1Ts 5.17). Se você continuar atacando o inimigo com artilharia pesada, vai confundi-lo e dispersá-lo. Esse não deve ser seu último recurso, mas *a primeiríssima opção, todo dia, sete dias por semana.*

A última coisa que eu adicionaria a esse incentivo seria a palavra *trouxas*, na frase "Orem continuamente, seus trouxas". Somente um trouxa abriria mão de um apoio em tempo real do próprio Deus num combate mano a mano contra o mal. Portanto, tudo o que precisamos fazer é parar de agir como tolos e orar continuamente, seus trouxas! Ore agora. Ore de manhã, no caminho para o trabalho, antes de sua próxima ligação de vendas, antes de suas reuniões, enquanto volta para casa, no avião pela pessoa ao lado e em toda e qualquer outra oportunidade que você tiver. "Orem no Espírito em todas as ocasiões, com toda oração e súplica; tendo isso em mente, estejam atentos e perseverem na oração por todos os santos" (Ef 6.18).

A oração é um comportamento de luta.

Guerra química

Você conhece alguém que tem alergia? Tanto minha esposa quanto meu amigo Paul têm alergia. A coisa engraçada sobre alergia é que ela pode apresentar sintomas sem aviso. Agentes invisíveis transportados pelo ar penetram no corpo e causam todo tipo de reação. O que vemos *fisiologicamente* é uma resposta hiperativa do sistema imunológico a certos invasores estranhos. O resultado é sofrimento até que se tome um remédio.

Mas aqui está um pequeno segredo: Satanás tem alergia. Espiritualmente falando, há comportamentos que provocam um curto-circuito em suas táticas e que irritam seriamente seu sistema. Mais e mais nos dias atuais, descubro que, quando estou expressando ativamente em minha vida as qualidades de caráter apresentadas a seguir, mais protegido estou contra as táticas do Diabo — e mais alérgico a mim ele deve se sentir. Estas são as disciplinas fortificantes para o homem de Deus e debilitantes para o inimigo.

Humildade

Essa qualidade de caráter é o antígeno do orgulho e estimula a produção de anticorpos espirituais: fé, rendição e submissão voluntária à vontade de Deus. Portanto, se você quer provocar a saída de muco nasal do Diabo, permaneça humilde diante de Deus e do homem. É surpreendentemente fácil se você se lembrar de quem é Deus e do que você é, bem como da conexão entre vocês dois: uma cruz manchada de sangue. De fato, bastante humilhante.

Perdão

Esse comportamento liberta você das garras da amargura, do ressentimento e da ira. Destrói uma das principais células de combustível de poder satânico em sua vida. O homem de Deus provoca um curto-circuito em muitos males ao fazer pelos outros o que Cristo fez por você. O rancor é um ponto de apoio para Satanás, dando a ele espaço nas praias de sua vida. Perdão, oferecido livre e incondicionalmente, desaloja o invasor e reconquista a praia.

Gratidão

Se você não tiver uma atitude de gratidão, então tudo o que tem é *atitude.* Aplique quantidades fartas de gratidão à vida diária, porque não há nada que mate mais o orgulho do que a gratidão. Você nunca encontrará um narcisista agradecido. A gratidão também é um excelente desinfetante contra inveja, cobiça e descontentamento. A gratidão é imparcial: é útil tanto para o rico quanto para o pobre. Satanás sabe que afluência sem gratidão dá origem ao descontentamento. Quanto mais as pessoas têm, mais apáticas elas parecem se tornar. Satanás também sabe que pobreza sem gratidão gera inveja — "Ah, se eu tivesse os problemas que eles têm". Tanto a inveja quanto o descontentamento são pedidos furiosos da mesma coisa: autonomia. A mensagem é: "Quero mudar de vida!". Isso faz Satanás salivar. A maneira de fazê-lo parar é antever esses sentimentos *sendo grato*. É um estilo de vida, não um evento. A gratidão substitui a fome de autonomia por uma submissão tranquila à autoridade e soberania amorosas de Deus. Isso é chamado contentamento.

Assim como eu, você provavelmente tem muito treinamento a fazer para ser um homem lutador completo. Às vezes falho e às vezes sou bem-sucedido em muitas dessas disciplinas em dado momento. O objetivo é rearranjar minha vida de modo que o uso dessas armas se torne um *estilo de vida*. Quero que fique cada vez mais difícil Satanás explorar minha vida. Quero vê-lo ficando cada vez mais alérgico a mim dia após dia. Portanto, aceite este conselho: faça um inventário pessoal, identifique suas deficiências — seja em relacionamentos, seja em orgulho, seja em qualquer outra área — e execute seu plano de treinamento específico, diário e voltado à ação.

Estou ansioso para ver o dia em que todos nós nos sentaremos num grande círculo de irmãos no céu para contar nossas histórias. Haverá tempo suficiente para as histórias ali, eu prometo. Mal posso esperar para ouvi-las.

18

A arma definitiva

> Sei o que vocês podem fazer. Sua arma principal é matar, mas deixem-me dizer qual é minha arma principal. Minha arma principal é morrer. E quero adverti-los de que, se vocês usarem a sua, serei forçado a usar a minha.
>
> Joseph T'son, pastor romeno, a seus perseguidores

Um último ponto: uma arma é fundamental na luta contra o mal. Apenas uma arma tem o maior poder sobre todas as outras para derrotar o mal.

Em seu livro *Tools of War: The Weapons That Changed the World* [Ferramentas de guerra: as armas que mudaram o mundo], o autor Jeremy Black analisa cinquenta armas de guerra que alteraram a história. Quando você lê sobre exércitos desafortunados que foram alvos dessas inovações, a única reação possível é de pena deles. As ferramentas que Black seleciona têm um denominador comum: número desproporcional de perdas do lado desafortunado que não havia pensado antes na existência daquelas armas. A beleza de uma grande arma é fatalmente brutal para o outro lado.

Os franceses experimentaram essa realidade na Batalha de Crécy em 26 de agosto de 1346, no norte da França, que contrapôs o arco longo dos ingleses ao arco comum dos franceses. Não fez a menor diferença o fato de os franceses terem três vezes mais homens que os ingleses. "Arqueiros experientes podiam manejar de oito a dez flechas por minuto. Com essa taxa de tiro, os cinco mil arqueiros ingleses no campo de batalha puderam lançar de 40 mil a 50 mil flechas por minuto, ou 700 por segundo. Tanto a infantaria quanto a cavalaria francesas foram dizimadas diante da barragem de mísseis mortais, e a Batalha de Crécy foi vencida com a perda de apenas 200 soldados ingleses, diante de quase 10 mil franceses mortos. A conquista da França estava próxima".[1]

Qual foi a lição? As melhores táticas, a maior energia e o maior número são *inúteis* contra a distância e a precisão. Tão simples e ao mesmo tempo tão completamente impressionante. Os franceses não tiveram chance alguma.

Ainda mais significativo, porém, é que a vitória deve ter produzido uma incrível confiança para a próxima conquista dos ingleses. Você enxerga aqui uma importante conexão com sua própria luta?

Simples e impressionante

Na guerra, a tecnologia triunfa. Contra o mal, *nossa* força avassaladora é a obediência.

Ouça Jesus falar a seus futuros matadores sobre sua missão e sua arma derradeira:

> "Conheço as minhas ovelhas, e elas me conhecem, assim como o Pai me conhece e eu conheço o Pai; e dou a minha vida pelas ovelhas. Tenho outras ovelhas que não são deste aprisco. *É necessário que eu as conduza também.* Elas ouvirão a minha voz, e haverá um só rebanho e um só pastor. Por isso é que meu Pai me ama, porque eu dou a minha vida para retomá-la. Ninguém a tira de mim, mas eu a dou por minha espontânea vontade. Tenho autoridade para dá-la e para retomá-la. Esta ordem recebi de meu Pai".
>
> João 10.14-18

Ao obedecer, Jesus serviu de exemplo sobre como o homem de Deus *sempre corre o risco da obediência ao seguir na direção de sua maior esperança.*

O poder da obediência é devastador para o mal quando você está disposto a fazer sacrifícios em favor de sua maior esperança em Cristo. O desejo profundo de Jesus era levar as pessoas a ter um relacionamento com Deus. Essa forte esperança criou uma disposição ainda maior de obedecer e lutar: "Eu dou a minha vida... eu a dou por minha espontânea vontade". O resultado: a esperança do homem de Deus impulsiona sua *obediência* em meio à luta.

> "Ninguém a tira de mim, mas eu a dou por minha espontânea vontade."

O Deus-homem serviu de exemplo de como uma forte esperança eterna se manifesta em escolhas consistentemente fortes. Uma esperança fraca se manifesta por meio de escolhas fracas. A obediência derrota o mal, mas a esperança que guia a obediência leva à vitória. Jesus lembrou-se daquilo pelo que estava lutando, e não era simplesmente tirar Satanás da cabana para dar-lhe uma boa surra. Era por causa de *você*. Seu futuro com Deus era a forte esperança que impulsionava uma obediência mais forte e capaz de destruir o mal. E, por causa disso, o mal não podia competir com a promissora obediência do Deus-homem. Pense nisto, homem de Deus: um futuro habitado por *você* foi o impulsor da avassaladora obediência de Jesus, e foi isso que derrotou todas as tentativas do mal de fazer com que Jesus colocasse em risco sua busca.

Não se engane: a obediência de alta octanagem, capaz de derrotar o mal, tem resultados tanto pessoais quanto eternos. A esperança em seu futuro com Deus impulsiona sua mais plena obediência a ele. O resultado final: o mal não consegue competir, assim como não conseguiu competir com Cristo.

A inquietação é a bússola

Existe uma pequena e chocante descoberta na história de Jesus indo se encontrar com seu destino no Calvário. Depois de lutar com Deus sobre a agonia que se apresentava diante dele, de entregar-se à vontade de Deus e voltar a seus discípulos e descobrir que eles estavam dormindo e indiferentes, Jesus disse: "Levantem-se e vamos! Aí vem aquele que me trai!" (Mt 26.46). O que quero destacar é que, em vez de fugir, Jesus moveu-se deliberada e resolutamente *na direção* do mal, essa grande fonte de desconforto pessoal e espiritual na oração com Deus. Por quê? Porque ele é obediente a Deus.

Onde Cristo sentiu desconforto em sua alma e pessoa, ele seguiu adiante para derrotar o mal. A inquietação foi sua bússola.

Meus momentos mais inquietantes e desconfortáveis com o mal acontecem em relação ao mal no meu próprio coração. Na verdade, minhas maiores vitórias contra o mal não aconteceram no campo missionário, mas nos campos assassinos do meu caráter — os lugares dentro de mim que sabotam a semelhança com Cristo e minam meus relacionamentos com pessoas, inicialmente e, em especial, com minha esposa. Chamo essas áreas de "áreas de cuidado": "Portanto, cuidado para que a luz que está em seu interior não sejam trevas" (Lc 11.35). Essas palavras de Jesus estão gravadas em meu cérebro, sobretudo porque elas indicam fortemente que o homem de Deus pode *fingi-las*. O mal consegue fazer o que quiser com homens que agem assim.

> ***Lutando***
> *A obediência que derrota o mal é sinônima de desconforto por Cristo.*

Apenas para concluir e demonstrar a importância disso, compartilharei algumas das fortalezas das "áreas de cuidado" em minha vida:

- Entregar minhas finanças.
- Disciplinar-me e dizer não a mim mesmo em favor de propósitos mais elevados.
- Confessar e confrontar a tentação sexual de maneira franca e transparente com minha esposa e outros homens.
- Atacar pontos cegos de orgulho.
- Não ter segredos.
- Lidar com o conflito e a ira.
- Aceitar que minha identidade como homem foi danificada em minha família de origem e estava afetando meu casamento.
- Concordar em conversar com um conselheiro para derrotar emoções que me mantinham preso ao passado.
- Dizer não a obrigações para dizer sim à caminhada mais próxima com Deus e ao fortalecimento de relações com pessoas.

Essas são apenas algumas, mas elas deveriam convencê-lo de que minha motivação estava confusa e o inimigo havia obtido acesso. Essas são as *minhas* coisas, e não estou nem um pouco disposto a admitir minhas fraquezas. Mas também estou bastante ciente da necessidade de admiti-las e lidar com elas e com o que isso significa para minha luta pessoal contra o mal. Confrontar essas faltas produziu grande *desconforto e ansiedade* todas as vezes, e todas elas exigiram obediência cheia de esperança e capaz de derrotar Satanás. Combinadas, elas levaram a muitas temporadas de desconforto emocional, confusão e luta com as forças do mal em minha vida.

> Tive de iniciar uma luta contra o mal através da simples obediência na direção dos meus desconfortos específicos.

Mas coloco-me hoje diante de Deus e dos homens, capaz de testemunhar do poder que a esperança eterna me dá para arriscar-me a obedecer, ganhar liberdade e derrotar Satanás em cada uma dessas áreas. Em todas elas, precisei primeiramente *reconhecer* que o mal tinha um papel em minha luta pela luz e pela semelhança com Cristo. Segundo, tive de iniciar uma luta contra o mal através da simples obediência na direção dos meus desconfortos específicos. Embora aqueles sejam alguns dos maiores, também existem minhas brigas diárias com o mal que clamam pela presença da obediência:

- Passar mais tempo lendo a Bíblia em vez de folhear as páginas de esporte
- Ser agradecido por minhas circunstâncias em vez de ceder à reclamação
- Fazer uma pausa antes de responder a uma crítica
- Demonstrar disciplina ao dizer não a muitas "oportunidades"
- Optar pelo perdão em vez de pelo ressentimento
- Iniciar conversas sobre Jesus quando for conduzido pelo Espírito
- Depender de Deus durante todo o dia em vez de ser autossuficiente
- Não brincar com pessoas para agradá-las ou para ser aceito
- Assumir *total* responsabilidade quando faço uma bobagem em vez de tentar me defender.

O Diabo está definitivamente nos detalhes de minha obediência, e quero colocar a culpa nele sempre que tiver chance. Por quê? Apenas para agradar a Deus.

"Como tu queres"

A obediência repleta de esperança é uma arma para a qual o Diabo não tem resposta nem solução. Ele foi desarmado por ela. Ele foi descartado por ela. Ele foi derradeiramente julgado e teve seu destino determinado por ela. Ele não conseguiu possuí-la nem se opor a ela, mitigá-la ou se defender contra ela. Ele não pôde detê-la, desviá-la ou destruí-la. Ela foi direta e impressionante, franca e poderosa. Enfim, Jesus Cristo derrotou o mal, sem uma palavra de repreensão — apenas obediência.

Não houve nenhum trecho das Escrituras desconectado ou solto. Não houve sinal ou som algum para registrar. Não houve confrontação do Espírito. Não houve pronunciamento de verdade, exclusão de mentira ou cobertura de sangue. Não houve drama na cruz. Satanás foi vencido, superado e dominado por três palavras pronunciadas não na cruz, mas no jardim do Getsêmani: "Como *tu* queres" (Mt 26.39). O resultado da escolha de Cristo em seguir a orientação de Deus foi um desastre termonuclear para o Diabo. "Assim como *por meio da desobediência de um só homem muitos foram feitos pecadores,* assim também, *por meio da obediência de um único homem* muitos serão feitos justos" (Rm 5.19).

Sua primeira e mais eficiente arma é a obediência pessoal a Deus através do caráter de Cristo. Com essa arma, você nunca ficará de fora de nenhuma luta contra o mal. Mas, sem ela, todas as habilidades fundamentais que discutimos aqui são absolutamente *impotentes*.

Com esse intuito, nós *devemos* fazer da semelhança com Cristo nosso objetivo supremo. A partir desse ponto, nos apropriamos mais de seu caráter obediente para mais vitórias espirituais sobre o mal e adicionamos mais armas táticas ao nosso arsenal. Entendemos que Deus está mais preocupado que o caráter de seu Filho surja em nós do que na derrota do mal através de nós, pois ele se importa profundamente com nosso bem-estar. E, de fato, nosso caráter piedoso garante a derrota do mal. Esta é a razão pela qual escrevi *Sonhe* antes de *Lute*: porque a semelhança com Cristo em você cria um pesadelo para Satanás e para todas as formas de mal que tentam atacá-lo.

O Diabo se afastará quando se der conta de que seus planos e tentações estão saindo pela culatra e, com isso, forçam você a assumir ainda mais o caráter de Cristo ao aproximá-lo do Senhor por meio da obediência. Por quê? Porque ele encontrou uma fortaleza da presença de Cristo, não um lugar que ele pudesse explorar. Estar plenamente saturado da presença viva de Cristo e plenamente disposto a obedecer à vontade de Deus é a arma definitiva contra o mal.

É assim tão simples, tão surpreendente, tão belo e tão devastador para o mal. Essa é nossa confiança para toda luta que venhamos a enfrentar. E sempre haverá outra luta. A Bíblia diz que devemos contar com isso: "De fato, todos os que desejam viver piedosamente em Cristo Jesus serão perseguidos" (2Tm 3.12). O plano de Deus para você não é a imunidade da luta, mas a vitória *na* luta. A esperança eterna e a força do homem de Deus extraem dele um compromisso incomum que permite que ele ore usando as mesmas palavras poderosas de seu Líder: "Como *tu* queres".

Dizer "como *tu* queres" a Deus diz o oposto a Satanás, ao mundo e à carne: "*Não* como vocês querem". Ore assim agora mesmo, e mande-o embora. Ore como Jesus orou, para que você lute como ele lutou e viva como ele viveu.

Faça essa oração de obediência muitas e muitas vezes, e veja como ela prevalece contra todas as demais probabilidades. Você *vai* prevalecer precisamente porque possui a arma definitiva. E você terá confiança em todas as suas batalhas futuras, avançando contra o mal de maneiras incríveis. Sua obediência a Deus desenvolverá tanto sua sensibilidade quanto acuidade em relação ao mal, tornando você mais plenamente consciente, mais completamente equipado e mais inteiramente envolvido em derrubar o mal onde quer que o encontre.

A obediência a Deus o permite vivenciar a vitória que você *já conquistou* em Cristo e a viver mais plenamente estabelecido na autoridade dele. Lembre-se: a verdadeira obra de se lutar contra o mal é a obra que apenas um verdadeiro homem de Deus pode realizar. "Senti que era necessário escrever-lhes insistindo que *batalhassem pela fé* de uma vez por todas *confiada aos santos*" (Jd 3).

Somente um santo tem condições de lutar contra o mal. E você já é um santo, um título que não é nem comprado nem merecido. É uma questão de posse. Creia na posse de Cristo sobre você, e será vitorioso.

A batalha chegou a nós, meu amigo. Vá conquistar aquela colina. O céu está convocando.

Notas

Capítulo 1

[1] Protagonista da série de romances de espionagem escrita por Robert Ludlum, cujos livros têm sido adaptados para o cinema com Matt Damon no papel principal. (N. do T.)

[2] Declaração de missão do manual de treinamento do centro antiterrorismo. O nome e a localização do centro foram omitidos por questões de segurança.

[3] Gal. Douglas MacArthur, telegrama para William Allen White, 15 de set. de 1940, Memorial do General Douglas MacArthur, MacArthur Square, Norfolk, VA, EUA.

[4] Esporte de combate em que os participantes atingem seus adversários com espingardas ou pistolas de ar comprimido que disparam bolas com tinta colorida. (N. do T.)

Capítulo 3

[1] *The Mammoth Book of True War Stories*, p. 272-273.

[2] Falsani, *The God Factor*, p. 12.

Capítulo 4

[1] CNN.com, "Vick Pleads Guilty, Apologizes", 29 de ago. de 2007, <www.cnn.com/2007/US/law/08/27/michael.vick/index.html>.

[2] Para um alinhamento mais profundo de caráter, leia o livro *Sonhe*. (v. bibliografia)

Capítulo 6

[1] WAMBAUGH, *Fire Lover*, p. 121.

Capítulo 7

[1] Joseph WAMBAUGH, entrevistado por Soledad O'Brien, "Hunt for Serial Arsonist in DC Area", no programa *American Morning*, CNN, 8 de jul. de 2003.
[2] Estatísticas do United States Census Bureau extraídas do *site* Fathers.com, <www.fathers.com/content/index.php?option=com_content&task=view&id=391>. V. tb. <http://www.fathermag.com/news/2778-stats.shtml>.
[3] *Winning the Invisible War*, p. 11-12.

Capítulo 8

[1] John Cloud, "Atta's Odyssey", 30 de set. de 2001, <http://www.time.com/time/magazine/article/0,9171,176917,00.html>.
[2] Idem.

Capítulo 9

[1] *NBC Nightly News*, apresentado por Brian Williams, 22 de out. de 2007.
[2] *Winning the Invisible War*, p. 92.

Capítulo 10

[1] Andrew Lycett, "Breaking Germany's Enigma Code", publicado em BBC History, 1º de ago. de 2001, disponível *on-line* em <www.bbc.co.uk/history/worldwars/wwtwo/enigma_01.shtml>.
[2] *My Utmost for His Highest,* 17 de set.

Capítulo 11

[1] Pamela Gaudette, Bob Alexander e Chris Branch, "Children, Sex and Violence: Calgary's Response to Child Prostitution",

Child Welfare League of Canada, outono de 1996, <www.cfc-efc.ca/docs/cwlc/00000826.htm>.

[2] Você poderá obter mais informações sobre a igreja perseguida e como ajudar no *site* da organização Portas Abertas no Brasil, <www.portasabertas.org.br>. (N. do T.)

Capítulo 12

[1] Thomas Sancton, "Anatomy of a Hijack", 9 de jan. de 1995, <http://www.time.com/time/magazine/article/0,9171,163487,00.html>.

Capítulo 13

[1] Embora o filme tenha mudado a fala, essa foi a frase real.

[2] EUA, 1995, Universal Pictures, direção de Ron Howard. (N. do T.)

[3] Eric M. Jones e Ken Glover, orgs. *Apollo Lunar Surface Journal,* 1995. Acesse <www.hq.nasa.gov/alsj/frame.html>, clique em "Apollo 13" no quadro "Main Menu", depois clique em "Mission Summary" no quadro "Apollo 13 Sub-Menu".

[4] FALSANI, *The God Factor*, p. 11.

Capítulo 14

[1]Adaptado com permissão de Dave Grossman e Loren W. Christensen, *On Combat.*

Capítulo 17

[1] *Lone Survivor*, p. 6-7.

[2] *The Military Institutions of the Romans (De Re Militari)*, trad. John Clarke (1767), disponível em: <www.pvv.ntnu.no/~madsb/home/war/vegetius/dere03.php#00>.

[3] Estribilho do hino "Só no sangue", número 93 do *Cantor Cristão*. (N. do T.)

[4] EUA, 1993, *Hollywood Pictures*, direção de George P. Cosmatos. (N. do T.)

Capítulo 18

[1] Black, *Tools of War*, contracapa.

Bibliografia

Black, Jeremy. *Tools of War: The Weapons That Changed the World.* London: Quercus, 2007.

Bounds, E. M. *Winning the Invisible War.* Springdale, PA: Whitaker House, 1984.

Falsani, Cathleen. *The God Factor: Inside the Spiritual Lives of Public People.* New York: Farrar, Straus and Giroux, 2006.

Grossman, Dave e Christensen, Loren W. *On Combat.* Jonesboro, AR: PPCT Research Publications, 2004.

Lewis, Jon E., org. *The Mammoth Book of True War Stories.* New York: Carrol & Graf, 1999.

Luck, Kenny. *Sonhe: O plano de Deus para sua vida começa dentro de você*. São Paulo: Mundo Cristão, 2012.

———. *Arrisque: A vida só vale a pena quando abandonamos nossa zona de conforto*. São Paulo: Mundo Cristão, 2011.

Luttrell, Marcus. *Lone Survivor: The Eyewitness Account of Operation Redwing and the Lost Heroes of Seal Team 10.* New York: Little, Brown, 2007. [Publicado no Brasil como *O único sobrevivente.* São Paulo: Planeta, 2008.]

Wambaugh, Joseph. *Fire Lover: A True Story.* New York: Avon Books, 2003.

Compartilhe suas impressões de leitura escrevendo para:

opiniao-do-leitor@mundocristao.com.br

Acesse nosso *site:* www.mundocristao.com.br.

Diagramação: Luciana Di Iorio
Revisão: Josemar de Souza Pinto
Gráfica: Imprensa da Fé
Fonte: Adobe Garamond Pro
Papel: Norbrite Cream 66 g/m² (miolo)
Cartão 250 g/m² (capa)